VOCÊ É
O CARA

VOCÊ É
O CARA

CARLOS ALBERTO CARVALHO FILHO

Integrare

EDITORA

Copyright © 2010 Carlos Alberto Carvalho Filho
Copyright © 2010 Integrare Editora e Livraria Ltda.

Publisher
Maurício Machado

Supervisora Editorial
Luciana M. Tiba

Coordenação e produção editorial
Editora Longarina

Copidesque
Simone Zac

Revisão
Maria Alves
Osvaldo Pinto
Mauro Carvalho Rego

Projeto Gráfico de Miolo e Diagramação
Leandro Guerra

Projeto Gráfico de Capa
Praetzel Comunicação
www.praetzel.com.br

Ilustração
Cria Ideias
www.criaideias.com.br

Dados Internacionais de Catalogação na Publicação (CIP)
(Câmara Brasileira do Livro, SP, Brasil)

Carvalho Filho, Carlos Alberto
    Você é o cara! : faça dos seus talentos, pontos fortes e, deles o seu diferencial na vida / Carlos Alberto
Carvalho Filho. -- São Paulo : Integrare Editora, 2010.

    Bibliografia
    ISBN 978-85-99362-56-3

    1. Carreira profissional - Desenvolvimento 2. Comportamento - Modificação 3. Entusiasmo 4. Motiva-
ção (Psicologia) 5. Persistência 6. Realização pessoal 7. Satisfação no trabalho 8. Sucesso profissional 9.
Talento I. Título.

10-09309   CDD-650.14

Índices para catálogo sistemático:

1. Carreira profissional : Sucesso : Administração 650.14

Todos os direitos reservados à INTEGRARE EDITORA E LIVRARIA LTDA.
Rua Tabapuã, 1.123, 7º andar, cj. 71/74
CEP 04533-014 - São Paulo - SP - Brasil
Tel. (55) (11) 3562-8590
Visite nosso site: www.integrareeditora.com.br

"A diferença entre o possível e o impossível
é a vontade humana."

LOUIS PASTEUR

Aos meus coroas, Carlos Alberto e Aclair, referências de integridade, ícones de fraternidade, exemplos de solidariedade, pais queridos, verdadeiros Caras na formação da minha identidade

Mensagem da DOMUS

Existe uma carência muito grande de amparo às crianças e adolescentes portadores de doenças oncológicas em tratamento quimioterápico na Serra Gaúcha. A Oncologia Pediátrica do Hospital Geral de Caxias do Sul (HGCS) é o único centro de atendimento disponível, numa região que abrange 48 municípios que integram a 5ª Coordenadoria Regional de Saúde do Estado do Rio Grande do Sul.

Semanalmente, são atendidos no ambulatório pediátrico oncológico do HGCS em torno de 25 pacientes com problemas oncológicos. O HGCS não dispõe de alojamento para atender às necessidades de amparo desses pacientes. Eles se deslocam para o HGCS e, dependendo do tratamento a que serão submetidos, necessitam permanecer em Caxias do Sul, para o devido atendimento. O único meio de atender a essa demanda, justa e solidária, é disponibilizar uma casa de apoio para dar-lhes abrigo, durante o tratamento.

Para resolver essa situação, sob a coordenação e administração do Rotary Club Caxias do Sul, foi criada, em 11 de maio de 2009, a Associação de Amparo à Criança e ao Adolescente com Câncer da Serra Gaúcha – DOMUS.

A DOMUS é uma associação civil, pessoa jurídica, de direito privado, de caráter social, assistencial, beneficente, sem finalidades lucrativas e/ou econômicas. Foi criada para acolher e amparar crianças e adolescentes portadores de doenças oncológicas, na área de abrangência do Hospital Geral de Caxias do Sul e com idade limite de 17 anos e 364 dias, bem como seu(s) familiar(es), limitado(s) a uma acompanhante, do sexo feminino, por paciente, através da promoção de ações nas áreas de assistência social, recreativa, educacional, espiritual, psicológica e da saúde, que contribuam para o seu bem-estar, durante a sua permanência na casa.

Agradeço profundamente, em nome do Rotary Club Caxias do Sul e em nome de todas as crianças e adolescentes portadores de doenças oncológicas da Serra Gaúcha que vamos abrigar, a sensibilidade social do autor deste livro que ofereceu apoio ao tomar conhecimento do nosso projeto, e a Integrare Editora, que concordou em contribuir com a causa da DOMUS.

Rocco Francesco Donadio
Presidente da DOMUS
(54) 9999-2077
presidencia@domusserragaucha.org.br
www.domusserragaucha.org.br

SUMÁRIO

MENSAGEM DA DOMUS, 9

PREFÁCIO DE EUGENIO MUSSAK, 13

PRÓLOGO, 17

CAPÍTULO 1
Pontos fortes: a essência da diferenciação pessoal, 21

CAPÍTULO 2
Talentos naturais: a base dos pontos fortes, 35

CAPÍTULO 3
Conhecimento, habilidade e atitude:
a transformação dos talentos em pontos fortes, 65

CAPÍTULO **4**

Da excelência à diferenciação: potencializando pontos fortes para construção de vantagens competitivas pessoais, **91**

CAPÍTULO **5**

Marca pessoal: o auge de sua diferenciação, **117**

CAPÍTULO **6**

Mensagem final, **145**

REFERÊNCIAS BIBLIOGRÁFICAS, **151**

PREFÁCIO

Nas prateleiras das livrarias, há uma imensa quantidade de livros que pretendem orientar a vida do leitor. São os chamados *livros de autoajuda*, muitos dos quais apresentam fórmulas prontas, em geral ancoradas em convicções pessoais e baseadas em realidades distantes, na maioria das vezes de outro país.

E há livros como este *Você é o Cara*, do Carlos Alberto Carvalho Filho, que se propõem a atingir a alma do leitor, usando as ferramentas da experiência pessoal, da literatura adequada e da observação dos fatos da vida. E o fazem com honestidade e competência.

Carlos Alberto é um bem posto profissional da área de marketing e vendas – temas já abordados em dois inspirados títulos seus, *A Azeitona da Empada* e *A Cereja do*

Bolo, ambos bem colocados nas listas de livros de negócios. Dessa vez, entretanto, o autor afastou-se da metáfora culinária e das lidas profissionais para focar-se no que está por trás dos bem-sucedidos homens de negócios: a essência do ser humano.

Ciente de que o aprendizado é um fenômeno intelectual, mas que a aprendizagem é principalmente emocional, Carlos Alberto recheia seus textos de humor leve e inteligente e os faz acompanhar por ilustrações que dão ainda mais prazer à leitura. Esse humor que percorre a trama tem duas fontes essenciais: histórias da vida real que o autor foi colecionando ao longo de sua jornada recheada de contatos humanos; e o diálogo fictício (será?) entre o Id e o Ego, que, como forças interiores, negociam o destino da pessoa a que pertencem.

Você é o Cara quer demonstrar a imensidão do potencial humano e faz isso através da pedagogia da graça, sem abandonar, entretanto, o compromisso com a seriedade dos conceitos. A propósito, vou abordar aqui uma das inspirações ocultas nos diálogos entre esses dois personagens excessivamente humanos.

Em 1927, Erik Erikson, um jovem artista plástico alemão conheceu, em Viena, uma moça chamada Anna Freud. Por influência dela, fixou-se na cidade como professor de artes, mas ingressou, como paciente, no mundo fantástico da psicanálise, que havia, como sabemos, sido desenvolvido pelo pai da moça. Seu interesse pela alma humana foi tanto que sua imersão o levou a transformar-se, ele mesmo, em um psicanalista, desviando o rumo de sua vida. Anos depois, Erikson migrou para os Estados Unidos, onde veio a ser um eminente pesquisador e professor das Universidades de Harvard, Yale e Berkeley.

O centro de interesse de Erikson era o que acabou por receber a denominação de *força do ego*. Ele debruçou-se sobre o estudo de qualidades humanas como autoestima, gosto pela vida, empatia, compromisso com a realidade e autodomínio. A ele devemos a ampliação dos estágios da evolução da personalidade, criados pelo pai de sua protetora. Enquanto Freud se preocupava com a formação da personalidade na criança e no jovem, Erikson foi além, preocupando-se com o adulto jovem, o adulto maduro, chegando ao idoso, que teria como destino não a senilidade, mas a sabedoria.

O que o psicanalista queria descobrir, em outras palavras, é **o Cara** que existe dentro de todas as pessoas, mas que muitas vezes está aprisionado pelas paredes invisíveis de uma autoapreciação sabotada pela terceira força, o Superego, o controle social, a educação opressora, as imposições limitadoras do ambiente. Ainda que tais controles sejam absolutamente necessários à criação de um Ego saudável, amiúde desempenham o poder maléfico de diminuir a força interior que poderia gerar uma vida produtiva, colaborativa e feliz. Erik Erikson, que morreu em 1994, teria se deliciado com este livro.

A leitura cuidadosa de *Você é o Cara* pode, sim, contribuir (comigo, contribuiu) para a atuação de uma personalidade competitiva e cooperativa, tarefa a que todos nos entregamos constantemente. E, o melhor, o leitor fará isso percorrendo um texto que combina leveza com profundidade, experiência pessoal com literatura especializada e, como cereja do bolo (sem exagero), razão e emoção na medida certa. Boa leitura, Cara!

Eugenio Mussak
Educador e Escritor

São Paulo, julho de 2010

PRÓLOGO

Em minhas palestras sobre negociação e vendas, invariavelmente, ao final, sou procurado por pessoas que me assistiram querendo aprofundar comigo indagações anímico-metodológicas, do tipo *"como fazer o que se gosta?"*, ou *"como gostar do que se faz?"* e, especialmente, aquelas vinculadas à fórmula mágica do *"como fazer a diferença na vida?"*.

A demanda é tão saliente que resolvi sair do meu *habitat* de produção editorial – essencialmente voltado para temas que envolvem negociação, marketing e vendas – e materializar um livro focado nessas subjetivas e tergiversas inquietações existenciais.

Logicamente, sei que muito do estímulo que as minhas palestras despertam para esse tema está atrelado à minha história de superação, onde a transformação de dificuldades pessoais em vantagens competitivas surge como elemento propulsor para tamanho interesse demonstrado. Nesse sentido, qualquer inspiração criativa que viesse ter para a construção de um novo livro com essa abordagem mais comportamental, necessariamente, deveria ter a minha história como *pano de fundo*. O contrário não faria sentido. Seria mais um livro entre tantos que abordam temas semelhantes, sem qualquer fato novo indutor de interesse, fadado a ser pluralizado no contexto expositivo de qualquer livraria.

E assim foi.

A ideia central deste *Você é o Cara* passa longe da preocupação com o aprofundamento teórico sobre o tema, muito embora, como sempre dedico às minhas obras, tenha no embasamento técnico e acadêmico um importante lastro conceitual à elaboração de conteúdo. Trata-se de um livro experiencial, acima de tudo.

Introduzi no contexto construtivo a presença de figuras de linguagem que, pretendo, possam proporcionar ao leitor melhor facilidade cognitiva. Assim, arrisquei-me na criação de personagens que, comigo, interagem na produção textual. Refiro-me ao meu *Id* e ao meu *Ego,* dois elementos simbólicos que – personificados nas páginas deste livro – concedem leveza expositiva às frases colocadas, servindo também de contraponto hilário e informal – por vezes até estereotipados – sem perder, no entanto, o fio condutor à consistência da proposta argumentativa deste trabalho.

O *Id* e o *Ego* aqui apresentados, por favor, entenda, em absoluto buscam traduzir – nem esta é minha intenção – acuidade estrutural aos fundamentos *freudianos*. Longe disso, expressam, tão somente, uma animada e bem-humorada representação do antagônico e conflituoso convívio interior entre a nossa razão e a nossa emoção. Apenas isso, nada mais que isso. Ou será que é tudo isso? Bem, leia e avalie.

Enfim, *Você é o Cara* – sem a pretensão de querer *reinventar a roda* – visa ser um livro diferente sobre um tema recorrente. Se o seu conteúdo puder ajudar você, agregando motivação e subsídios à descoberta dos seus talentos naturais, à transformação destes em pontos fortes e à construção da sua diferenciação pessoal no competitivo cotidiano da vida, não tenho dúvidas, ele terá conseguido atingir os objetivos da sua elaboração.

Assim espero.

Boa leitura.

CAPÍTULO 1

CAPÍTULO 1
Pontos fortes: a essência da diferenciação pessoal

"**Ser o Cara**", mais do que um simples neologismo para expressar uma referência elogiosa, é a sublimação do reconhecimento para quem, em situações contínuas ou pontuais, é capaz de *fazer a diferença*, tendo um desempenho superior, não raras vezes memorável, impactante ou simplesmente raro.

Síntese superlativa de adjetivos positivos, o rótulo "ser o Cara" percorre mundos, como se houvesse tradução possível. Quem não se lembra, por exemplo, do presidente Obama assim referindo-se ao Lula em meio a um descontraído bate-papo entre chefes de estado?

Uniforme quanto ao gênero gramatical, a expressão popular "Você é o Cara" talvez seja uma das maneiras mais intensas de expressar o reconhecimento por alguém, seja este do sexo masculino ou feminino. Quem a recebe, ouso dizer, não poderia experimentar elogio maior.

Certa vez, ao encerrar uma palestra para qual fora convidado a falar sobre criatividade em marketing a integrantes da área comercial de uma empresa de comunicação, recebi um abraço apertado, um sorriso dobrado com uma saudação entusiástica de um de seus diretores e dileto amigo, Antônio Pascoal Donadio:

– "Show de bola", Beto! Você é o Cara!

Aquela declaração sanguínea, forte como um grito, inserida na informalidade vocabular de expressar sentimentos, própria de amigos fraternos e íntimos em momentos de grande emoção, marejou-me os olhos, disparou sinapses emocionais incontidas que, em segundos, fizeram-me desfrutar um estado de vitória pessoal incrível e reviver um marcante episódio em minha vida, cujas consequências influenciaram sobremaneira tudo o que se seguiu.

Quem ainda não teve a oportunidade de conhecê-lo com mais profundidade pode assim fazê-lo na leitura de meu primeiro livro, *A Azeitona da Empada*, e de certo modo reavivá-la no segundo, *A Cereja do Bolo*.

Rapidamente, situando aqueles que não a conhecem – e para relembrar meus queridos leitores cativos –, relato que muito jovem, criança ainda, por um infortúnio da vida, fui vítima de um sequestro relâmpago, deixando-me como inesquecível lembrança uma gagueira que, mesmo hoje bastante suavizada, me acompanha como marca e característica pessoal.

Apenas para ilustrar – e proporcionar a você, que agora me lê, melhor contextualização sobre o quanto isso mudou minha vida – recordo o fato de ser filho de pais comunicadores: meu pai, além de professor universitário, tinha no exercício do jornalismo seu ofício vocacional; minha mãe, professora, e alfabetizadora, era além de tudo exímia contadora de anedotas. Inserido nesse contexto, dizem relatos familiares da época, eu sempre fora um menino falante, com uma pronunciada vocação teatral e forte gosto pela locução.

Contam, inclusive, que um de meus passatempos prediletos seria trancafiar-me no quarto por horas a fio, empunhando uma lata de azeite vazia, tendo em uma das bases um furo produzido do qual saía um barbante longo, imitando um fio elétrico; a outra base era totalmente recortada, de modo a propiciar a aproximação e inserção da boca para a produção de acústica pseudorradiofônica às palavras ali proferidas.

Assim, lata de azeite perfurada e recortada, barbante a reboque, conduzia-me precocemente ao imaginário de uma cabine de rádio dentro de um estádio de futebol, onde narrava fantásticos jogos hipotéticos, repletos de fatos, gols e emoção.

Enquanto os meninos de minha faixa etária distraíam-se com forte apache, autoramas ou mesmo as nem tão ingênuas brincadeiras de médico, eu adorava mesmo era narrar imaginárias partidas de futebol memoráveis de meu Grêmio, desde aquelas épocas tão inacreditáveis como a famosa Batalha dos Aflitos[1].

---

1   Nome pela qual ficou nacionalmente conhecida a memorável partida de futebol, envolvendo os clubes Grêmio (RS) e Náutico (PE), realizada em 25 de novembro de 2005, no Estádio do Aflitos, em Recife, PE.

Se fácil é entender os efeitos que o trauma de um sequestro – e as consequências anímicas deles decorrentes – seja capaz de produzir num adulto, o que se dirá numa criança? Talvez por isso minha emoção ao receber o entusiasmado *feedback* de Donadio tenha sido tão grande. Sei o que passei e as marcas profundas que sofri para chegar à frente de um qualificado auditório lotado e poder desfrutar de um comentário com tamanha intensidade como aquele.

O episódio do sequestro, mais do que marcante, foi emblemático em minha vida. O menino falante como que num piscar de olhos fora substituído por um adolescente gago que, a cada dia, experimentava situações tragicômicas, não raras vezes humilhantes e, quase sempre, constrangedoras.

A carência de confiança e o constante medo da exposição pessoal levaram-me a escolher caminhos profissionais dissociados de minha vocação. Assim, diplomei-me em Engenharia Civil com o argumento de que no exercício profissional pouco usaria a ferramenta da comunicação; pelo menos, segundo a concepção de meu imaginário cartesiano e pragmático, que estabelecia a estratificação das profissões na dualidade simplista entre as ciências exatas e as humanas.

Não nasci para viver restrito na singularidade dos números; e sim para conviver na pluralidade das pessoas.

Obter a diplomação de engenheiro, contudo, em absoluto me assegurou a condição de exercer o ofício como profissão definitiva. Ao contrário, constatei na incongruência entre o perfil da formação acadêmica – alicerçada na frieza dos números – e o da vocação pessoal – notadamente voltada à dinâmica do relacionamento humano – o grande estímulo ao exercício do autoconhecimento, atributo que hoje julgo fundamental para quem deseja vencer, ter sucesso e, sobretudo, ser feliz. Graças a ele, pude estancar uma vida de frustrações, orgulhar-me do que era, perceber-me capaz do que seria e vislumbrar como nunca o poder da felicidade em meus horizontes.

Por meio dele, pude descobrir meus talentos naturais e afastá-los de minhas fraquezas, discernindo caminhos para buscar na diferenciação pessoal a chave para a superação e, acima de tudo, a base para minhas conquistas. Ciente das aptidões pessoais – e consciente das inabilidades – concentrei-me em fazer aquilo que evidenciava o aproveitamento de minha vocação, aperfeiçoando as principais valências, desenvolvendo aquilo de que gostava e que me dava prazer, aprendendo a verificar como eu funcionava melhor.

Recém-diplomado, mesmo gago, decidi abandonar a profissão de engenheiro para trilhar o caminho das ciências humanas, notadamente minha grande paixão. Escolhi começar essa nova fase como *vendedor de copiadoras*. O resultado? Pasmem: melhor impossível!

Ancorado no desenvolvimento da capacidade de autoconhecimento, apostei tudo em meus atributos que acredito diferenciados de minha personalidade, reduzindo assim a importância que antes dava ao que entendia serem meus pontos fracos.

Rapidamente, o engenheiro frustrado foi promovido à condição de vendedor efusivo, radiante nas suas ações, firme nas suas convicções e apaixonado por seus clientes. Daí ao crescimento profissional foi mera questão de tempo, perseverança e aproveitamento adequado de oportunidades.

A gagueira, é importante ressaltar, ainda adorna eventualmente uma ou outra frase como marca pessoal que, a bem da verdade, não desejo – nem posso – mais perder. Afinal, ela se tornou ícone de minha luta, referência maior de meus propósitos e – posso até revelar sem falsa modéstia – gerou certo valor agregado a minha imagem.

Sem a menor dúvida, posso hoje afirmar que, se houvesse seguido o exercício da engenharia, na prática, seria um profissional mediano, nada mais. E o que é pior: alcançaria o rótulo de engenheiro medíocre por meio de grande esforço pessoal, tal a violência de não seguir minha vocação.

Priorizando o desenvolvimento dos pontos que em mim entendia fortes, mesmo tendo de superar as dificuldades inerentes da gagueira, fiz-me um vendedor de sucesso, um executivo respeitado, e hoje, para surpresa de muitos – inclusive a minha – um palestrante requisitado.

Aqui, parênteses para uma hilária constatação: quando adolescente e jovem adulto, tinha medo e vergonha de falar; hoje, percorro cidades, cruzo fronteiras e as pessoas pagam para me ouvir. Parece inacreditável, não?

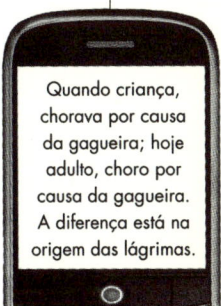

Quando criança, chorava por causa da gagueira; hoje adulto, choro por causa da gagueira. A diferença está na origem das lágrimas.

Quando meus ouvidos foram invadidos pela generosidade do "você é o Cara" do fraterno amigo, a imaginária película cinematográfica da vida veio-me como um *tsunami*, tamanha sua força. Lembrei-me das humilhações sofridas na infância, das angústias de adolescente ou mesmo no hiato temporal entre a engenharia e a vocação.

As sinapses emocionais conectadas naquele momento despertaram-me para novos objetivos, transformando o "ser o Cara" em verdadeiro ideal de vida. Assim, no final de 2008, depois de vinte anos atuando como executivo em diversas empresas, tendo exercido múltiplos cargos gerenciais e diretivos em instituições nacionais e internacionais, decidi seguir outros caminhos, sempre tendo o cuidado de atrelá-los à área comercial e educacional, minhas grandes paixões vocacionais.

Hoje, aconselho empresas, oriento e motivo pessoas, aliando atividades que vão da consultoria empresarial ao treinamento e *coaching* profissional, sempre dedicando espaços intervalares para realização de palestras que, mais do que um ofício, resultam em ato de puro prazer e vitória pessoal.

Não sou um homem rico, longe disso. Sequer usufruo de independência financeira. Vivo bem, é verdade, mas ganho para viver, ou melhor, ganho do meu viver. Afinal, fazer aquilo de que se gosta, gostar do que se faz e ainda ser remunerado por isso, convenhamos, é quase um nirvana existencial. Você não concorda?

Muitos que me conhecem podem ter achado prematuro eu dar por encerrada minha carreira executiva, ainda relativamente jovem, deixando para trás a possibilidade de atraentes remunerações e significativos bônus para apostar nesse novo projeto profissional de consultor, educador e palestrante. É quase um recomeço de vida, com todas as incertezas e riscos nele contidos. Não tiro a pertinência da opinião de quem pensa assim. Mas, pergunto: quem pagaria o preço da mi-

Quanto será que vale fazer o que se gosta e gostar do que se faz?

nha felicidade, do prazer de fazer aquilo de que gosto e do gosto por fazer o que faço? Respondo: ninguém. A mensuração desse valor e do quanto ele representa, somente eu posso avaliar. E digo com muita sinceridade: isso não tem preço!

Defino a essência do *sucesso pessoal e profissional* de qualquer ser humano, independentemente de sua atividade, como a capacidade de saber utilizar na plenitude nossas principais valências pessoais. Meu entusiasmo sobre essa constatação foi tamanho que decidi fazer deste livro uma versão proativa e autoindutora à conscientização de que todos nós podemos de alguma forma *fazer a diferença* no transcorrer de nossas vidas. Basta querermos descobrir nossos talentos naturais, desenvolvê-los, transformá-los em *pontos fortes,* potencializando-os na firme convicção de que somos, podemos e queremos fazer a diferença.

Recordo-me aqui dos ensinamentos do maior guru da administração empresarial em todos os tempos, Peter Drucker. Em seu livro *Management Challenges for the 21st Century* (1999), afirmou: "na economia do conhecimento, o sucesso vem àqueles que conhecem a si mesmos – seus valores, seus pontos fortes e como funcionam melhor". A citação do mestre Drucker traz também, de forma subliminar, a necessidade de os profissionais de sucesso, além de reconhecerem suas capacidades invulgares, saberem detectar – e admitir – seus

Psiu! Não perca tempo para conquistar mediocridade. Vá direto para excelência.

pontos fracos, ou seja, aquelas características carentes de aptidão para integrar o portfólio dos atributos pessoais.

Drucker referiu também que, em geral, "gastamos muito mais energia para irmos da incompetência à mediocridade do que do bom desempenho à excelência". Ou seja, perdemos tempo – e dinheiro – tentando fazer melhor aquilo para que não temos vocação ou de que simplesmente não gostamos; ao contrário, se dedicássemos mais tempo – e dinheiro – para nos aperfeiçoar naquilo em que efetivamente somos bons, muito provavelmente seríamos ainda melhores.

Adotando essa filosofia de vida, concentrando atenções em transformar talentos em pontos fortes, teremos chances de sermos ótimos e, dessa forma, nos tornarmos pessoas diferenciadas em nossos contextos profissionais e relacionais. No entanto, se dedicarmos esforço simplesmente para melhorarmos nossos pontos fracos, no máximo, seremos médios e, como tal, arrisco-me afirmar: nunca faremos a diferença!

Se puder dar um conselho para você, anote aí: aposte todas as fichas em sua vocação. E não esmoreça jamais! Mesmo que a estrada de sua realização seja repleta de pedras e obstáculos, por vezes considerados intransponíveis, não desanime, acredite! Faça dos limões da vida sua limonada. Descubra seu *Eu* verdadeiro, valorize seus pontos fortes, minimize seus pontos fracos e, acima de tudo, busque ser feliz em tudo que faz. Afinal, como eu, como ele, como todos nós, você também é *o Cara!*

CAPÍTULO 2

Talentos naturais: a base dos pontos fortes

Gosto muito de conversar com amigos. Trocar informações, fomentar ideias, conjeturar situações, ponderar de diversos ângulos de observações ou, simplesmente, tagarelar sem o compromisso de obter conclusões objetivas, alimentado quase sempre por intermitentes e suaves goles de *cabernet sauvignon*, a uva de meus tintos preferidos.

Após um necessário período de imersão teórica em leituras diversas de expressivos autores, antes de começar a escrever sobre o que acredito ser a dinâmica estrutural da filosofia "ser o Cara", pensei em estabelecer uma investigação preliminar sobre o tema deste livro, interagindo com pessoas comuns e familiares a meu universo relacional.

Imaginei, por exemplo, reunir amigos mais íntimos, aqueles que me acompanham desde a primeira juventude, para trocar considerações sobre formas de descoberta dos *pontos fortes* na vida de cada um. Necessariamente, não precisariam ser especialistas da área, melhor até que nem fossem, pois assim a conversa teria um viés mais pragmático.

Pensei no Chumbinho, amigo há mais de 25 anos, colega dos tempos de engenharia, padrinho de minha filha Juliana. Um *Cara* calmo e ponderado – muito embora já tenha sido premiado com três pontes de safena e uma mamária, certamente fruto de sua estafante atividade profissional: ele é dirigente executivo – e dos bons – em um importante clube do futebol brasileiro.

Imaginei no grupo, também, o Otto – ou o Ottinho, como gosto de carinhosamente chamá-lo, ignorando totalmente sua estatura de um metro e oitenta e tantos, sobrepeso evidente e indisfarçável abdome de chope. Ottinho é um sujeito acalorado, com riso solto, intenso e entusiasmado, além de um apaixonado pela gestão de pessoas. Com certeza, contribuiria muito para o debate.

Não posso esquecer o Alemão, como chamo meu amigo Walter, grande parceiro desde os 18 anos – quanta festa fizemos juntos! – igualmente colega de faculdade, cujo perfil sanguíneo e assertivo daria forte pendor objetivo às respostas que estaríamos buscando. Ou quem sabe também o Geraldo, cuja situação de ser, entre tantos amigos remanescentes da época da faculdade, o único na atividade de engenheiro, poderia assegurar um tom mais concreto aos *insigths* sobre o tema.

Se fosse o caso, poderia chamar outros grandes amigos, alguns de convívio mais recente, mas não menos intenso, como o Flávio, o Guto, o Zenon, o Paulinho, o Mathias, a Fátima – cuja condição de notável jornalista seria de muita ajuda na formatação da ata do encontro ao texto final – e tantos outros, pois, com a graça de Deus, sou um privilegiado: bons amigos não me faltam.

Se viver é amar, amizade é o amor que nunca morre.

Pensando com mais vagar, porém, julguei mais adequada a opção pela autorreflexão, alternando percepções pessoais e ensinamentos extraídos de acuradas e recorrentes leituras – algumas acadêmicas, outras nem tanto – sobre o tema.

Assim, sentado no sofá da sala de estar, mão no cálice, jazz ao fundo e pensamento solto, tive a ideia que me pareceu a mais viável à rápida execução: por que não me socorrer de meus dois mais antigos, eternos e inseparáveis amigos, Id e Ego[2], para me ajudar a deslindar os caminhos que conduzem à diferenciação pessoal?

---

2   Em 1923, no livro "O Ego e o Id", Sigmund Freud expôs ser a mente humana subdividida em três partes: 1) o ego, que se identificaria à nossa consciência; 2) o superego, que seria a nossa consciência moral, ou seja, os princípios sociais e as proibições que nos são inculcadas, nos primeiros anos de vida, e que nos acompanham de forma inconsciente na vida inteira; 3) o id, que representaria os impulsos múltiplos da libido, dirigidos sempre para o prazer.

Um pouco de egocentrismo, essa escolha pode indicar; um bom exercício de autoconhecimento, ponderaria, talvez, sob outro viés analítico. O certo é que, no mínimo, trata-se de exercício divertido, pois, para um leonino com ascendente em touro, nada melhor do que aconselhar-se com a gostosa dicotomia dessas duas personalidades: Id e Ego.

Riscos interpretativos à parte, dissonâncias cognitivas relevadas, decidi seguir esse pouco usual – para não dizer inusitado – caminho: elaborar um livro em conjunto comigo mesmo. Eu mesmo, meu id e meu ego.

– Que maravilha! Adoro falar sobre pontos fortes que, em nosso caso, não são poucos... Disparou imediatamente um entusiasmado e autoconfiante Id, marcadamente impulsivo e emocional, totalmente antenado a meu pensamento.

Centrado e mais racional, como de costume, o Ego observava a jactância peculiar de seu parceiro, esboçando leve sorriso contemplativo, meio de canto de boca, acompanhado de um leve e reprovador balançar de cabeça. Mas achou também interessante minha ideia:

– *Gosto dessa visão de mesclar razão e emoção para entender o DNA dos pontos fortes*, disse-me ele em seu indefectível tom professoral.

Combinei com os dois, então, que a partir da manhã do dia seguinte, terça-feira, começaríamos nossas conversas – ou reflexões – para analisar, como muito bem definiu o Ego, o DNA dos pontos fortes.

E mais: dei-me – e a eles, consequentemente – o prazo máximo da sexta-feira seguinte como limite para a elaboração do conteúdo deste livro. O roteiro seria simples: com base em subsídios autorais diversos das leituras realizadas, emergiriam fundamentos, conceitos e aplicabilidades que fariam sentido ao escopo deste livro; e eles, o Id e o Ego, seriam responsáveis pela interação dos estímulos reflexivos e validação conclusiva aos conteúdos propostos.

– *Ok, combinado!*

– *Maravilha!*

– *Espero vocês amanhã, boa noite a todos.*

Ninguém é todo emoção. Ninguém tudo é razão. Somos um tudo de todo, somos um todo de tudo.

Terça-feira. Acordei cedo e, como de hábito, após uma rápida ingestão de proteínas para eliminar o jejum, fui à academia percorrer meus cinco quilômetros diários na esteira, seguidos de um circuito de exercícios para bíceps, tríceps e músculos peitorais que, alternadamente, revezo com os dedicados às coxas, panturrilhas e abdominais. Rotina que incorporei a meu cotidiano, a prática do exercício físico, mais do que ajudar a moldar músculos e dotar-me de condicionamento físico, eliminou por completo os quilos sobressalentes, recompondo a normalidade de meus níveis de colesterol, triglicerídeos, açúcares e outros indicativos de boa saúde.

Retornando, banho e complemento do café-da-manhã, devidamente tomados, dirigimo-nos a meu escritório e, lá chegando, fizemos nossa primeira reunião de pauta: o Id, o Ego e eu, como moderador, obviamente.

– E aí, chefe? Por onde vamos começar?

Logicamente, a impetuosidade do Id fizera-me a primeira pergunta.

– Calma Id, parece que você está sempre com essa incontrolável incontinência verbal!

Confesso que ri muito da irreverente – e surpreendente – tirada jocosa do Ego, fugindo um pouco de sua costumeira e característica postura de equilíbrio e ponderação.

– Sugiro que partamos de uma primeira premissa, completou. **Antes de tudo, precisamos definir o que é um ponto forte.**

Adoro emoção e, nunca escondi, tenho certa predileção por meu Id. Não posso negar, porém, a imensa importância que comportamentos racionais possuem quando elaboramos análises conjunturais, em desdobramentos situacionais ou num simples processo de resolução de problemas.

– Isso mesmo, Ego, acho que você tem toda a razão, elogiei-o em alto e bom tom.

Expus aos dois um interessante livro lido recentemente, cujo título *Descubra seus pontos fortes* conduzia-me direto ao ponto. Nele, os autores americanos Marcus Buckingham e Donald O. Clifton sugerem uma definição tão ampla como específica, mas bastante pertinente à reflexão: ponto forte seria a obtenção de um "desempenho estável e quase perfeito em determinada atividade".

– Como assim? Precisa ter constância de desempenho para ser considerado ponto forte? Não concordo, pois se em determinado momento atingimos um desempenho ótimo, mostramos que somos capazes de repetir isso mais vezes e, portanto, podemos considerar esse ótimo desempenho como um potencial ponto forte.

O contraponto do Ego faz certo sentido, não discuto. Alguém que em determinado momento atinge um nível elevado, em tese, tem condições de voltar a obter mais vezes a mesma *performance*. Não cabe dúvida nessa premissa. No entanto, aderindo à definição teórica de Buckingham e Clifton, entendo que ponto forte não significa a capacidade de "ter condições de", mas a prevalência de uma constância capaz de "manter a excelência em".

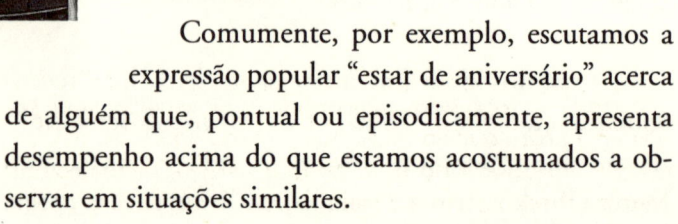

Muito mais do que ter "condições de", saiba se você tem condições de "manter excelência em".

Comumente, por exemplo, escutamos a expressão popular "estar de aniversário" acerca de alguém que, pontual ou episodicamente, apresenta desempenho acima do que estamos acostumados a observar em situações similares.

No futebol, por exemplo, não raras vezes constata-se um jogador tendo uma destacadíssima atuação quando, normalmente, sua produção histórica é mediana. Diz-se então que, naquele dia, excepcionalmente, o sujeito *estava de aniversário*, tudo deu certo, e só dali a um ano voltará a jogar daquela maneira.

– É mesmo, Beto! Lembro-me bem de você naquele jogo em Montevidéu, recorda? A partida estava difícil, o time local jogando duro, como costuma acontecer com os uruguaios, e o zero a zero teimava em não desarmar o prosaico placar manual do acanhado estádio nos arrabaldes da capital de nosso vizinho país.

Admito não haver entendido aonde o Id queria chegar com a lembrança a minha adolescência, quando exercitava a maravilhosa rotina de harmonizar meu cotidiano entre os bancos escolares e os campos de futebol. Tempos bons aqueles: entre os dez e os quinze anos, integrei equipes da categoria de base do Grêmio Porto Alegrense.

Naquele tempo, joguei uma partida na capital uruguaia contra a equipe do Mirador Rosado, à época um tradicional clube uruguaio de futebol infantil ou *baby fútbol*, como o chamam.

– Bem, o jogo estava encardido e, de repente, você pegou uma bola no meio de campo, aplicou um drible desconcertante no adversário e, lá de fora, posição intermediária entre o grande círculo e a meia-lua, do "meio da rua", como se diz no futebolês nosso de cada dia, acertou um chute que nunca mais vi você conseguir repetir. Pimba! No ângulo do goleirinho dos gringos! Um golaço!

É verdade, o Id fez-me recordar aquele momento memorável. Um gol maravilhoso e uma alegria inesquecível. Saí gritando, esbravejando e mandando todo mundo pra aquele lugar. Que incrível aquele gol! Nunca mais consegui fazer algo sequer parecido.

– Pois é, naquele dia, você "estava de aniversário", meu caro. Afinal, convenhamos: acertar aquele chute, daquela distância e com aquela intensidade e precisão, chutando mal como você sempre chutava, só poderia estar de aniversário, né?

O Id tinha razão. Apesar de desfrutar de razoável habilidade com a bola, o chute, especialmente o de longa distância, nunca foi uma de minhas características, muito menos predileções. Ao contrário, via nele um de meus pontos fracos, que quase sempre comprometia minha diferenciação no esporte. Certamente por isso, aliado a outras limitações técnicas, tenha decidido abandonar a prática competitiva do futebol, reservando espaço apenas às divertidas peladas entre amigos, quase sempre motivo maior para compartilharmos do churrasquinho ao final, invariavelmente regado a maravilhosas loiras geladas.

A definição do que venha a ser um ponto forte na conceituação de Buckinham e Clifton – desempenho estável, constante e quase perfeito em determinada atividade – enseja premissas importantes a esse fim.

A primeira delas seria a capacidade de realização de algo de maneira consistente, ou seja, a necessidade de essa valência pessoal ser uma parte previsível de nosso desempenho. Isso explica o porquê de um sucesso episódico em alguma atividade ou resultado não poder ser considerado algo de manutenção possível ou provável. Assim foi meu chute surpreendente redundante em gol inusitado; assim seria, por exemplo, nosso fantástico velocista aquático César Cielo ganhando uma prova de resistência, de mil e quinhentos metros, por exemplo; assim seria o Ronaldo Fenômeno fazendo múltiplos gols de cabeça, algo raro em sua maravilhosa carreira futebo-lística; assim seria...

— Assim seria o Rubinho ganhando um campeonato de Fórmula 1, né?

O Id não perde a oportunidade para a piada, incrível isso.

— *Calma, Id!*

Se analisarmos bem, o Rubinho tem no ato de pilotar um de seus talentos naturais evidentes, basta olharmos a média de seus desempenhos ou a forma diferenciada com que consegue ajustar os carros de sua escuderia. Além disso, como negar o talento de quem há tanto tempo se mantém em evidência no competitivo ambiente da Fórmula Um, sendo um dos pilotos mais longevos da história?

— *Veja bem, Id, admito que o Rubinho possa não estar entre os maiores "Caras" do automobilismo mundial, mas convenhamos que a constância de sua trajetória profissional em alto nível não deixa dúvidas: ele também é um dos "caras" nesse esporte, você não acha?*

— Humm... pensando bem, acho que você tem razão.

Ser o Cara exige muito mais do que simplesmente utilizar eventuais talentos naturais em favor de algo, como veremos nos capítulos mais adiante. *Ser o Cara* implica, necessariamente, combinar a descoberta desses talentos com outros fatores que propiciem transformá-los em pontos fortes e potencializá-los para resultados constantes e de alto nível.

> Ser segundo só não é melhor do que ser primeiro.

A segunda premissa é a de que não precisamos ter pontos fortes em todos os aspectos pertinentes a uma função ou atividade para nos destacarmos. Chega de profissionais perfeccionistas ou eternamente insatisfeitos consigo mesmos! A autoexigência exacerbada, no íntimo, é uma surda insegurança a prejudicar nossos desempenhos. Saber que não precisamos – nem conseguiremos – ser perfeitos o tempo todo é o mínimo que devemos introjetar às nossas autoavaliações.

Eu mesmo sofri muito com isso. Gago, ao longo do tempo experimentava evoluções na fluência verbal que, quase sempre, esbarravam na exigência da perfeição. Ora, absurdamente, pensava que deveria passar da gagueira aguda para a escorreita locução da celebridade global William Bonner, por exemplo.

Não dá... Gago nenhum poderá imaginar nunca mais experimentar, mesmo que eventuais, as trancadinhas ou esticadinhas vocabulares características da dislalia. É da essência dessa anomalia verbal. Em compensação, o âncora do Jornal Nacional, mesmo com aquelas mechas grisalhas cuidadosamente alinhadas pelos cabeleireiros da Globo, nunca terá o charme de uma melódica sílaba levemente alongada ou da sedutora respiração forçada de uma pausa estratégica, recursos comuns em gagos crônicos e convictos.

Ou seja, cada um na sua. Não podemos querer ser o que não podemos ser. Mas se explorarmos toda a potencialidade de nossos talentos e soubermos transformá-los em pontos fortes, mesmo com limitações de determinados atributos considerados mais fracos aos padrões convencionais de avaliação, o céu é o limite, e a diferenciação uma consequência natural de quem souber explorá-la.

Certa vez ouvi de um experiente arquiteto um conselho sobre decoração de interiores que nunca mais esqueci. Em uma roda de amigos, um deles externou a dificuldade para esconder um pilar estrutural que compunha um ambiente da sala de estar. Aproveitando a presença do arquiteto na roda, solicitou a ele o que poderia fazer com aquele pilar. A resposta não poderia ter sido mais talentosa:

– Quando, num ambiente físico, temos algum elemento estrutural esteticamente mal colocado e impossível à remoção, a solução é não procurar escondê-lo, mas evidenciá-lo dentro do contexto em que está inserido.

– Como assim?

– Simples. Pinte de vermelho! Se não dá para esconder, faça aparecer.

A risada correu solta entre os presentes.

Rapidamente, fiz da criativa e bem-humorada resposta do arquiteto um referencial para eventuais saliências pessoais que, sob análise tradicional, representariam pontos fracos.

Vejamos, novamente, meu caso. Por longos anos, tive dificuldade de admitir – e aceitar – possuir tartamudez, o nome técnico da popular gagueira. Buscava descobrir maneiras e mais maneiras de tentar disfarçar a situação. Analogamente, tinha um pilar fonético atravancando a estética de minha oratória. Adotando a conduta de esconder tal situação, jamais consegui me livrar desse pilar e, quase sempre, valorizava demais a influência negativa que ele pudesse representar aos olhos daqueles que o viam.

No entanto, quando passei a desnudar essa condição, assumindo minha fala peculiar como um estilo próprio e diferenciado de me comunicar, evidenciei algo que, ao contrário do que sempre imaginara, trouxe-me valores agregados e vantagens competitivas que fluidez verbal nenhuma seria capaz de proporcionar. E, nessa linha, inúmeros casos de evidenciar pretensos elementos negativos como diferenciais competitivos poderiam ser trazidos à tona, ilustrando ainda mais os benefícios de "pintar os pilares da vida de vermelho".

Por exemplo, vejamos o caso do presidente Lula. Não quero aqui enveredar por apologias ou juízo de valor político. Cinjo-me tão somente às questões de marca e carisma pessoal. Alguém, de sã consciência, poderia externar dúvida de que a força de sua retórica fosse a mesma, não tivesse ele no contexto de sua trajetória a marca da superação às dificuldades, da escassa escolaridade e do pouco verniz social? Cá pra nós, até mesmo a língua presa e a ausência de um dedo anular, de certa maneira, constituem valor agregado a sua imagem. Um caso típico do aproveitamento de pseudopontos fracos como vantagem competitiva.

Na vida, se algo não pode ser removido, quem sabe seja solução?

O fato é simples: ao não esconder suas raízes existenciais ou marcas físicas que infortúnios vivenciais lhe concederam e, ao contrário, estampá-las como características pessoais evidentes, o homem Lula criou uma marca pessoal inconfundível e diferenciada no contexto político dos tempos modernos.

A terceira premissa, reforçando o que expressei no capítulo inicial, seria a constatação de que alguém somente conseguirá destaque em sua atividade profissional se buscar maximizar seus talentos, jamais focando no conserto de suas fraquezas. Obviamente, cabe relembrar que minimizar a participação das fraquezas no contexto de um desempenho não significa, absolutamente, ignorar essas deficiências. O cuidado para que elas não prejudiquem a fluência funcional dos talentos deve ser a tônica comportamental em todos que busquem êxito em seus resultados.

O segredo para isso está em encontrar meios de contornar essas fraquezas, libertando-nos para aperfeiçoar nossas características positivas de forma mais aguda. Tirando proveito de nossos talentos e sabendo administrar a incidência dos pontos fracos, teremos o equilíbrio funcional necessário para obter desempenhos que façam a diferença.

Uma quarta e complementar premissa refere-se à natureza impactante desse talento na percepção de terceiros. Ao contrário do que muitos possam imaginar, ele não precisa ser artístico ou esfuziante para ser notado e admirado. Qualquer desempenho próximo da perfeição já é capaz de estimular sensação de reverência, reconhecimento e intensa admiração.

Busque o sucesso maximizando seus talentos; nunca focando apenas em consertar deficiências.

É o caso de Noêmia, a experiente e talentosa cozinheira que trabalha na casa de minha mãe. Um encanto de criatura: suave e discreta em suas observações, pouco aparece ou interage com as pessoas. Doce e reservada, nem mesmo os costumeiros elogios a sua *performance* são capazes de torná-la loquaz, muito menos protagonista. No entanto, não conheço ninguém que tenha provado de suas delícias gastronômicas e não saísse falando aos quatro cantos de suas qualidades, reconhecendo sua excelência produtiva e admirando sua rara competência na arte culinária.

Do que precisamos para construir uma vida centrada em nossos pontos fortes?

O que seria do azul se todos gostassem do vermelho?

– A primeira coisa é saber utilizar o poder do autoconhecimento para identificar nossos talentos dominantes.

O Ego tem razão. Antes de buscarmos construir algo sobre um núcleo, precisamos descobrir a composição estrutural desse núcleo. Nesse sentido, o uso adequado de uma lupa introspectiva para detectar o que realmente somos capazes de fazer de forma constante e em alto nível torna-se fundamental.

Talento natural para exercer algo é a base de todo ponto forte. E aqui, ancorado em opiniões de *experts* no assunto – entre os quais os citados Buckingham e Clifton –, sustento ser o talento um atributo pessoal, individual e inato. Infelizmente, não pode ser aprendido. Ou você tem, ou você não tem.

– Puxa, quer dizer que se não tenho talento para determinada coisa, mesmo estudando e treinando, nunca vou conseguir fazê-la?

— Bem, você até poderá executar, Id, mas deixe-me explicar melhor.

Você até vai conseguir fazer caso dedique esforço para ampliar conhecimentos pessoais acerca de determinado tema ou atividade e, mais ainda, caso procure praticar constantemente o que aprendeu. Em muitos casos, poderá realizar bem o que está se propondo. No entanto, sem talento, por mais conhecimento e treino que venha ter, você nunca será *o Cara.*

— Entende o que estou querendo expressar?

– Entendo, sim. Ou seja, "no parking, no business"...

— O quê? Estacionamento, negócios... Não entendi esse seu jogo de palavras, Id.

– Hello! Estou só fazendo uma analogia. Assim como hoje a falta de estacionamento é impeditivo para o fortalecimento de um ponto de venda, a ausência de talento é obstáculo fatal à construção de um ponto forte. Deu pra entender, amado mestre?

O Id é tão jocoso e irreverente quanto perspicaz e dedutivo. Exatamente isso: sem talento, sem ponto forte.

– Porém, apenas a presença de talento não assegura a existência de um ponto forte, objetou o Ego com muito discernimento.

Constatação absolutamente pertinente. Pensemos no caso de um executivo, notadamente detentor de talentos naturais, cuja carreira pode ser estagnada se ele não aglutinar a esses dons o aprofundamento constante de conhecimentos específicos e necessários à execução de sua atividade, nem procurar – ou esforçar-se para – colocar em prática o que tem e o que sabe. Exemplos para isso não faltam.

Somente com talento, não se faz o Cara. Mas sem talento, como fazer o Cara?

No livro *Descobrindo seus pontos fortes*, os autores salientam que um ponto forte surge da integração de três atributos essenciais: o (1) *talento,* que definem como sendo o universo de padrões naturalmente recorrentes do pensamento, sentimento e comportamento de uma pessoa; o (2) *conhecimento,* que consiste no somatório de fatos e lições aprendidas; e a (3) *técnica,* o conjunto de procedimentos necessários à prática de uma atividade.

Faz sentido, assim, a validade da seguinte lógica conceitual: a peça fundamental para desencadear o desenvolvimento dos pontos fortes está em identificar os talentos pessoais dominantes e, a partir daí, refiná-los com conhecimento e técnicas adequadas.

– Bem, mas exatamente aí reside um dos grandes nós-górdios dessa questão. A grande maioria das pessoas não compreende – ou não consegue definir com exatidão – o que sejam talentos,

menos ainda identificar quais são os seus. E mais: desprezando a importância do autoconhecimento, apostam todo seu esforço e sua atenção apenas em buscar adquirir o máximo de conhecimento e habilidades, imaginando ser isso suficiente para melhorarem seus desempenhos.

Esses erros levantados pelo Ego são cruciais para a geração de armadilhas produtivas, pois o máximo que alguém consegue obter, quando busca o aprimoramento pessoal apartado do aproveitamento de talentos naturais, está limitado a um bom desempenho – não raras vezes, nada mais do que mediano.

– *Id, vamos trabalhar um pouquinho? Estou vendo o Ego muito mais atento que você...*

– Nada disso, chefe, estava só dando uma descansadinha, vendo se mais ideias me vêm à cabeça.

– *Tá bem, Id, espero que esteja bem criativo, então.*

– *Uma pergunta única para ambos: vocês podem descrever como fariam para descobrir meus talentos dominantes? Afinal, ninguém melhor do que vocês me conhecem tão bem, né?*

– Ah, é fácil, você é cheio de talentos dominantes!

– *Chega de exibicionismo e respostas impulsivas, Id. É para isso que você estava dando uma "descansadinha"? Pelo menos uma vez na vida, tente ser mais centrado, poxa!*

– Bom, nesse caso, pergunte para o Ego. Ele sempre tem o viés do advogado do diabo, talvez seja isso que você queira.

– *Id, não fique bravo! Acho interessante ter a opinião dos dois lados, o antagonismo é muito importante, pois a virtude está no equilíbrio entre vocês. Apenas, se você pudesse resistir um pouco à exacerbação de seus impulsos, ajudaria na ponderação da resposta. Porém, se você acha que sou cheio de pontos fortes...*

– Calma, Betinho... Na verdade você é cheio em tudo: em pontos fortes e em pontos fracos. Ah, cheio inclusive no peso!

– *Além de tudo é debochado, hein? No peso não, consegui reduzir quinze quilos nos últimos seis meses. Estou hoje com o peso de vinte anos atrás...*

– **Quero só ver até quando você consegue manter isso.**

– *Até você, Ego?*

– **Desculpe, mas controlar-se à boa mesa nunca foi seu forte.**

Na entrelinha da frase final do Ego, dá para sentir que a atenção a comportamentos históricos da personalidade pode ser um bom indicador de talentos e deficiências. Basta um pouco de senso observador mais acurado, e facilmente começamos a perceber sinais claros de nossas principais saliências, positivas e negativas.

Faça um exercício mental, relembrando algumas atividades que você executa. Perceba com que rapidez você as domina, com que facilidade evolui na escala de seu aprendizado. Com que destreza você adiciona soluções informais que não estão em nenhum manual? Observe seu grau de envolvimento nas atividades, se elas o fazem perder a noção do tempo ou, ao contrário, olhar para o relógio é sua constante nesse ofício?

Se em alguma delas você se sentir totalmente absorto, ávido por novas descobertas, sem a menor dificuldade de execução e cada vez mais interessado em sua evolução, não tenha dúvida: aí reside um importante sinal de campo fértil para evolução de um ponto forte. E se você em momento algum pensou em fazer isso por dinheiro, então não tem mais discussão: estamos diante de um talento natural.

E você, como funciona no dia a dia: vibrante do tipo "UAU!", ou vive sempre reclamando, tipo "AU-AU"?

– É verdade, por mim você dava palestra até de graça. Ainda bem que o Ego sabe cobrar, né?

Como de costume, fazendo graça, o Id lembrou bem de um atributo que considero um talento natural pessoal: o gosto pela oratória, pelo palco e pelo público. Expressar-me diante de dezenas, centenas de pessoas, mais do que uma atividade profissional, é um ato de satisfação pessoal, cuja recompensa maior passa longe da remuneração recebida.

Talento natural está intimamente ligado à geração de satisfação e prazer pessoal. Quando temos um dom muito pronunciado, geralmente o utilizamos em nosso cotidiano como forma de experimentar êxtases situacionais. Assim acontece quando estou proferindo uma palestra ou mesmo ministrando um curso. Faço porque adoro isso, acima de tudo. E no meu caso um componente emocional adicional potencializa esse momento de verdadeiro êxtase existencial.

Invariavelmente, ao concluir uma exposição pública, vêm-me à cabeça as dificuldades de expressão que, outrora, fizeram-me fugir da oratória. Logo, saborear a sensação de enfrentamento, de superação e vitória pessoal é algo que nem um cartão com crédito ilimitado seria capaz de comprar.

Peço sua especial atenção, no entanto, para uma observação que julgo fundamental: o cuidado de saber discernir o *talento pessoal* do *gosto pessoal*. Para isso, deve-se compreender corretamente um e outro enfoque. Enquanto o talento pessoal sempre está atrelado ao gosto pessoal, a recíproca não é verdadeira. Ou seja, muitas vezes gostamos de realizar algumas coisas, tarefas ou funções, mas infelizmente não temos a aptidão para desempenhá-las.

Explico: adoro cantar. Tenho prazer em participar de *karaokê*, de roda de samba, pagode ou qualquer forma de expressão musical informal. Quando menino, sonhava em ser vocalista de alguma banda de *reggae*, um de meus estilos musicais favoritos. Porém, muito canto mal!

Desafino, erro o tom, enfim, sou um desastre como cantor. Logo, um caso típico de incongruência entre *gosto pessoal* e *talento natural*.

Minha sugestão, entretanto, é nunca abafarmos o usufruto de nossos gostos pessoais. Recomendo, apenas, o cuidado para que eles sejam tratados como meros exercícios de prazer e satisfação íntima, nunca como diferencial competitivo de vida.

Você tem um gosto pessoal pronunciado, mas não sente nele a presença de um talento natural? Sem problemas, usufrua desse prazer e não prejudique seu desempenho: trate-o como um *hobby* ou lazer. Confesso: faço sempre assim. E me divirto muito com isso.

Descobrir talentos naturais é um movimento reflexivo e analítico, requer paciência e, sobretudo, autoconhecimento.

Descobrir talentos naturais, se analisarmos bem, não é um bicho de sete cabeças. É lógico que requer certo desprendimento discernir aquilo em que somos bons de outros atributos em que somos deficientes, mas não se trata de algo muito complicado. É um movimento reflexivo e analítico, e requer paciência. Contudo, plenamente exequível a qualquer mortal. E, nisso, o autoconhecimento é essencial. Sem ele não conseguimos chegar a essas constatações.

Recentemente, li um livro escrito pela parceria entre Tenzin Gyatso, a 14ª santidade budista Dalai Lama – há cinquenta anos à frente do povo tibetano – e o consultor Laurens van den Muyzenberg, intitulado *Liderança para um mundo melhor*.

Nele, ressaltam a importância da mente serena, lúcida e concentrada para a formulação de pensamentos corretos no processo de tomada de decisão. Registram que a mente influenciada por sentimentos negativos como raiva, inveja, medo ou falta de confiança desencadeia perturbação, tornando as percepções – e decisões – ineficientes e dissociadas da realidade. Os autores sugerem que tenhamos como objetivos de autoconhecimento a capacidade de desenvolver o que chamam de *atenção vigilante,* definida como um estado de conscientização atenta e plena dos próprios atos, pensamento e motivações, num trabalho profundo de observação de si mesmo, da realidade interna.

Isso significa dispor da capacidade de percebermos quando um sentimento negativo começa a influenciar nossos pensamentos. Igualmente, é preciso o desenvolvimento da habilidade de impedir que os sentimentos negativos sejam dominadores em nossa consciência. Assim descortinamos melhor nossas observações e, naturalmente, somos conduzidos a decisões mais bem elaboradas.

– Lembra-se de quando era garoto? Quantas vezes senti você desesperado – obviamente influenciado por mim – conversando intimamente consigo e reclamando do porquê, logo você, de ser gago.

– *Você está correto, Id. Quanta frustração, revolta e sofrimento. Confesso que, por vezes, cheguei a pensar que não suportaria tamanha dor.*

– Pois é, mas hoje, olhando a vida pelo retrovisor e vendo tudo o que ela vem lhe proporcionando, já vi você muitas vezes de mãos erguidas e olhar infinito, agradecendo emocionado, dando graças a Deus por ter essa condição.

O Ego foi tão indiscreto quanto preciso. Não são poucas as vezes em que me pego em situação de *atenção vigilante*, quase um budista, agradecendo a oportunidade de, diante de uma dificuldade, ver o mundo sob lentes otimistas e transformar um atributo originalmente negativo em um fator de estímulo à descoberta de talentos, desenvolvimento e, especialmente, potencializá-los em pontos fortes.

Outro fator importante nessa descoberta é o nível de *confiança* gerado com base nos resultados advindos do exercício do autoconhecimento. Mergulhar nos deslindes internos de nossa personalidade é uma tarefa que exige controle emocional. Obviamente, como acontece com todo mundo, chegaremos à conclusão de que temos coisas boas – algumas muito boas – mas também constataremos a existência de pontos frágeis e, alguns, muito deficientes. Entender que não seremos menores ou inferiores por possuirmos fraquezas é lição número um para quem deseja se conhecer melhor.

Sob lentes otimistas a dificuldade sempre pode ser vista como oportunidade.

E tem mais: como somos muito críticos – talvez pela forte cultura do *não* (não faça isso, não faça aquilo etc.) que nos acompanha desde a tenra idade – quase sempre conseguimos identificar nossas fraquezas antes de percebermos nossos talentos. Assim, percorrer o caminho da distinção dos atributos frágeis pode ser uma boa estratégia para chegarmos à percepção de nossas fortalezas. Quase sempre antagônicos em suas composições, temos no oposto de cada um, talentos e deficiências, uma referência importante a essas descobertas.

Está difícil descobrir o ponto de partida para encontrar o caminho em direção a seus pontos fortes? Experimente essa equação: identifique seus atributos considerados fracos e, a partir deles, procure seus antônimos conceituais. Certamente, em alguns deles, observará evidências de talentos naturais muito salientes.

A prova dos nove, todavia, deve ser sensorial. No olho que brilha, na produção de adrenalina que se eleva, na motivação que emerge e no imenso prazer em fazer uma atividade ou função. Sem dúvida, sinais da presença de um potencial ponto forte.

– Bem, acho que chegamos a boas conclusões sobre como descobrir nossos talentos e, assim, descortinarmos o caminho para transformá-los em pontos fortes. Que tal darmos uma paradinha por hoje? Retomamos amanhã, pode ser? Ainda quero apro-

veitar este final de dia e dar uma olhada no trabalho de consultoria que estamos realizando.

– *Sem problemas, Ego. Amanhã, depois da ginástica, voltamos ao tema.*

– Maravilha, Betão! Ego, segura as pontas na consultoria para mim? É que hoje temos um chopinho com os amigos e preciso descansar um pouco. Senão fico acabado depois do segundo ou terceiro copo.

– E aí sobra para mim, pois acabo dormindo na mesa do bar, né?

– *Está bem, Id, pode descansar que vou me envolver com o Ego neste trabalho. À noite nos reunimos e, juntos, vamos nos divertir um pouco. Porém, fique alerta: se precisarmos de algumas pitadas emocionais e criativas neste trabalho, vou chamar você, hein?*

– Claro, meu bruxo! Você sabe que pode contar comigo sempre que precisar.

– Tem horas que invejo esse estilo Id de ser...

– *Pode estar certo de que ele também inveja você, Ego.*

Dedução óbvia. Afinal, é normal – e humano – nutrir certa admiração por algo que não podemos ser.

CAPÍTULO 3

CAPÍTULO 3

Conhecimento, habilidade e atitude: a transformação dos talentos em pontos fortes

Quarta-feira. Manhã de céu parcialmente nublado, temperatura amena e uma leve brisa típica da primavera gaúcha.

– *E aí, vamos começar?*

– Calma, ainda estou meio zonzo de tanto correr.

O Id referia-se a meus exercícios matinais. Havia me excedido na sessão de aeróbica, saltando dos costumeiros cinco quilômetros diários na esteira para quase oito, em velocidade de cruzeiro de 9,5 quilômetros por hora.

– Deixa o Boda saber desse excesso e você vai levar um puxão de orelha!

O Boda referido pelo Id é o apelido por ele dado a meu médico cardiologista. Simpático, atencioso e muito competente, o Dr. Bodanese – juntamente com a querida hepatologista Dra. Dvora – foi um dos grandes estimuladores de meu ingresso à rotina das atividades físicas.

– Na verdade, o maior incentivo foi o susto, né?

– **Dessa vez tenho que me aliar ao Id, pois o susto de deparar com 22 por 12 de pressão, em plena Copacabana, "entusiasma" qualquer um à ginástica.**

– É isso aí, gostei Ego! Também pudera, né? Vendo aquelas beldades em sumários biquínis, desfilando corpos bem torneados no paradisíaco calçadão carioca, só poderia elevar a pressão, né?

Retirado o chiste inapropriado do Id, o fato, na essência, é real. Há pouco mais de um ano, sofri uma intempestiva crise hipertensiva, catapultando o limiar superior de minha pressão arterial para inimagináveis 22 pontos, embora muitos digam que o grande problema era a mínima de 12. Não sou médico – e não tenho gosto nem curiosidade pela interpretação da medicina. O certo é que 22 por 12 é pressão pra lá de preocupante.

Estava em Copacabana, é verdade, mas muito longe do mar, da areia ou mesmo do sinuoso e famoso calçadão histórico da maravilhosa cidade do Rio de Janeiro. Na realidade, realizava uma palestra numa convenção empresarial quando uma dor abrupta em minha nuca começou a me importunar. Consegui levar a exposição até o final, o suficiente para, tão logo tenha terminado, recorrer ao serviço médico local e, dali, ser encaminhado direto para um ambulatório.

De volta a Porto Alegre, fui consultar um cardiologista. Por sorte, indicaram-me o médico Luiz Carlos Bodanese, misto de médico, psicólogo e guru motivacional. O *Cara* é completo. Ou melhor, o *Boda é o Cara!* Alto astral, empático e entusiasmado, era meu orientador certo na hora certa. Apaixonei-me pelo *Cara*. No sentido bíblico, que fique bem claro.

De pronto, reduziu meu susto para doze por sete. Estimulou-me a mudar o estilo de vida: comer menos, andar mais e, obviamente, receitou-me um betabloqueador básico, afinal, conseguir um pico de 22 não é tarefa fácil para qualquer mortal.

Pediu-me, também, exames laboratoriais, daqueles completos, caligrafia típica de médicos, cujos garranchos intermináveis – e por mim indecifráveis – faziam a requisição da *Unimed* parecer uma autêntica lista de compras semanais no supermercado, daquelas que a minha secretária doméstica teima em confeccionar e eu, invariavelmente, luto herculeamente para tentar entender.

Resultados prontos, começaram os problemas: triglicerídeos, ácido úrico, colesterol.. tudo nas nuvens, e o açúcar no limite! Mais exames, agora a ecografia abdominal. Tudo bem, exceto uma leve esteatose hepática que, para quem não souber – como eu, até aquele momento – significa presença de gordura no fígado.

– Também, com 101 quilos, acho até que ter apenas uma "leve" presença de gordura hepática é muita sorte.

O Ego ponderou com justificada razão. O sobrepeso é um veneno à saúde. Aliado ao sedentarismo e estresse, então, vira bomba-relógio. Assim, em fase de pré-explosão letal, estava eu.

Empático, o Dr. Bodanese me acalmou e indicou-me procurar um profissional da área médica especializado em fígado, o hepatologista. Assim, acabei sendo avaliado pela Dra. Dvora Joveliths que, igualmente, submeteu-me a nova bateria de exames aprofundados, especialmente sobre o órgão avariado.

Amável e educada, porém objetiva e enfática, ela foi direto ao ponto:

— *Beto, tenho duas notícias para você: uma boa e outra ruim.*

Apavorei-me só de pensar o que poderia ser. Bem-humorado por natureza e apreciador contumaz de anedotas – herança de minha mãe Aclair e de minha tia avó Luiza – lembrei-me na hora de uma antiga piada, oriunda de uma fase onde o homossexualismo ainda era tabu e motivo para inexplicáveis e abjetas segregações. Sem querer retroalimentar discussões sobre a impertinência dos conceitos daquele tempo, mas apenas para aproveitar a comicidade do relato, a anedota menciona que a professora chama os pais de um aluno com tendências homossexuais pronunciadas e pronuncia uma frase similar a que acabara de escutar da Dra. Dvora:

— *Meus queridos pais, tenho duas notícias sobre o filho de vocês: uma boa e outra ruim. Qual delas vocês querem saber primeiro?*

Os pais se entreolham desconfiados e, em uníssono, desejam saber primeiro da notícia ruim, pensando refazer o ânimo tão logo saibam da boa.

– Ok. A notícia ruim é que constatamos no filho de vocês um forte pendor homossexual; a boa é que ele foi eleito a "rainha da primavera" da escola.

E quem disse que a ordem dos fatores não altera o produto?!

Admito que pensei comigo em pedir à médica saber primeiro também a notícia ruim. Mas não tive coragem. Vá que a lógica se repita.

Invertendo a ordem das respostas, a Dra. Dvora pôs-me a dizer:

– A notícia boa é que você tem salvação; a ruim é que a salvação passa, inexoravelmente, pelo uso permanente de atividade física. Prática a que você não parece ser adepto, né?

E você precisava ver a fonética soletrada do *inexoravelmente*. Maior ênfase, impossível: sílaba valorizada na palavra; palavra valorizada na frase.

Tal veemência não me deu alternativa. No dia seguinte, lá estava eu matriculado na academia de ginástica, estabelecendo a partir daí o saudável hábito de exercitar-me, no mínimo, cinco vezes por semana.

– **Bem, vamos começar a trabalhar, Beto.** Contar histórias é **bom, mas a fila anda.**

– Ego, deixa de querer ser pragmático em tudo. A vida não é geometria, onde a distância mais curta entre dois pontos é sempre uma reta. Quando lidamos com pessoas, quase sempre utilizamos na sinuosidade retórica e na sensibilidade expositiva elementos fundamentais para abreviar distâncias e aproximar corações.

Mandou bem o Id. Comungo com ele nesse aspecto. Num mundo a cada dia mais igual, frio e perigosamente cartesiano, o *fator emoção* – cujo tema constitui-se em núcleo de meu livro anterior, *A cereja do bolo* – faz toda a diferença, especialmente no descortinar positivo de processos persuasivos.

Embora, na opinião do Ego, possa parecer um extemporâneo papo de boteco, o motivo da vinda dessa história pessoal à tona serve àquilo que julgo fundamental ao início do processo de transformação de talentos em pontos fortes: verificar os indicadores de nossa capacidade de saber, saber fazer e querer fazer de nossos talentos elementos diferenciais em nossas vidas.

É importante sempre destacar que os pontos fortes se originam nos talentos naturais de cada pessoa. A partir daí – da descoberta e compreensão desses talentos – cabe ao indivíduo desenvolver essas valências e transformá-las em pontos fortes. Nesse sentido, antes de tomarmos a decisão de iniciarmos a trabalhar nossos talentos em busca do desenvolvimento de nossos pontos fortes, faz-se fundamental verificar como estão nossos níveis de saúde, física e mental, para esse fim.

Por exemplo, se você vem passando por uma situação de estresse importante, ou mesmo problemas emocionais situacionais, conjunturais ou sistêmicos, certamente esses fatores atrapalharão o bom andamento e os resultados do aperfeiçoamento desejado. Logo, antes de tudo, recomendo um bom *checkup* existencial para avaliar o grau de aptidão momentânea de seu corpo e de sua mente ao ingresso nesse processo de lapidação dos talentos para a construção de pontos fortes. Uma vez ajustados os níveis dos indicadores existenciais, com tudo dentro da normalidade, aí sim, você está pronto a seguir em frente.

Uma das metodologias mais difundidas do aprimoramento pessoal no contexto profissional é o chamado foco no *desenvolvimento das competências* de cada pessoa. O uso do famoso ideograma *CHA* – largamente difundido em programas de capacitação profissional – serve de base para definir o conceito de competência pessoal, referindo-a como um conjunto de *conhecimentos, habilidades* e *atitudes* que possibilita alguém desempenhar com eficiência e concretude determinada função ou atividade a que venha a ser submetido.

Buscando simplificar a compreensão dos elementos do *CHA*, poder-se-ia definir o *conhecimento* como o universo de informações adquiridas por uma pessoa por meio de estudos ou experiências que venham a ser utilizadas; a *habilidade* seria a capacidade de realização de tarefas segundo padrões de desempenho compatíveis a esse fim; já a *atitude* representaria a presença de um comportamento manifesto da personalidade em querer fazer uso de conhecimento e habilidades para o exercício das referidas tarefas.

– Já sei! Conhecimento seria o "saber"; habilidade o "saber fazer"; e atitude o "querer fazer". É isso?

– Ah, sai pra lá, Id! Você leu esse jogo de palavras em algum manual de recursos humanos e agora vem dar uma de entendido!

– Na vida nada se cria; tudo se adapta e se copia. Ou melhor, hoje em dia, tudo é "benchmarking".

– "Bench" o quê? Ah, já sei, mais uma daquelas suas expressões marqueteiras que você adora usar...

– *Calma, vocês dois! Este livro não é o melhor local para o cultivo de uma "fogueira de vaidades". O propósito é construtivo, especialmente, quando temos lastro teórico academicamente aceito e utilizável. Logo, que importância tem se o Id trouxe definições já aplicadas ou genuínas? O relevante é que elas sejam pertinentes e consistentes.*

O Id trouxe à tona uma simplificação semântica muito utilizada por autores da área de gestão de pessoas. O *conhecimento* como objeto edificante de um ponto forte refere-se à condição de a pessoa dominar determinado *know-how* sobre algo que tenha valor para ela. Em síntese, é o *saber* referido pelo Id.

Habilidade significa a capacidade de transformar conhecimento em resultados práticos por meio de recursos pessoais apropriados e adequados à realização. Logo, é o *saber fazer*.

A *atitude* assertiva e proativa pode ser traduzida pela capacidade de iniciativa que uma pessoa desfruta para realizar algo, independentemente de orientação ou determinação de terceiros. Isso é o *querer fazer*.

A adoção do *CHA* como referencial evolutivo ao desempenho pessoal trouxe novos fundamentos à noção de competência, historicamente alicerçada no domínio do *conhecimento*. Tal realidade pode ser facilmente constatada quando, não raras vezes, observamos alguém que domina muito bem determinado assunto ser rotulado de competente.

— Ainda hoje, verifica-se um profissional que sai da universidade com um currículo escolar recheado de notas altas e excelente comportamento acadêmico ser classificado como "cdf" (gíria histórica para identificar um indivíduo estudioso) ou alguém de muita competência.

— *Isso está mudando. Conhecimento, por si, como referiu o Ego, já não assegura competência a quem quer que seja. É preciso mais, muito mais.*

— Como assim?

— *Deixa-me explicar, então, Id.*

Segundo modernos conceitos utilizados em processos de desenvolvimento de recursos humanos, podem ser considerados incompetentes aqueles que não tiverem as habilidades e atitudes para produzirem resultados decorrentes do conhecimento adquirido.

Por outro lado, em igual sentido, alguém cheio de entusiasmo e atitude também pode ser um rotundo incompetente se não dispuser de conhecimento e habilidade para desempenhar determinada atividade.

— **Este é um conceito integrado, em que os três vértices devem ser compartilhados e complementares. Ou seja, como muito bem evidencia Eugênio Mussak no livro *Metacompetência*, saber, saber fazer e querer fazer constituem a bússola do desenvolvimento da competência do profissional moderno.**

— **Olha o Ego aí, gente! Mandou bem, hein, cara!**

Esses dois não têm jeito. Não perdem oportunidade para provocar-se mutuamente.

Embora não se possa determinar uma gradação de importância entre os três vértices da competência, arrisco-me a dizer que a *atitude* constitui o grande calcanhar de Aquiles à plena sinergia desse trinômio. Conside-

O saber se busca; o saber fazer se desenvolve; o querer fazer... só depende de você!

ro-a mesmo a base para a integração aos dois outros elementos constituintes da competência. Isso porque não se consegue ensinar alguém a ter atitude por meio da transmissão de informações.

Enquanto o *conhecimento* é algo plenamente conquistável e a *habilidade* um atributo passível de franco desenvolvimento e aprimoramento pessoal, a *atitude* resulta de uma ambiência anímica capaz de envolver e motivar o indivíduo a aplicar o *conhecimento* adquirido e a utilizar a *habilidade* necessária à realização de tarefas e obtenção de objetivos.

Por isso enfatizo ser o elemento *atitude* um verdadeiro alicerce à competência. Sem ela, onde encontrar motivação para a busca do conhecimento? Onde perceber a importância da descoberta e do aperfeiçoamento das habilidades? Atitude pode não ser tudo; mas, certamente, é ingrediente fundamental para tudo, especialmente quando imaginarmos transformar nossos talentos em pontos fortes.

Você já observou como busca fontes para seu conhecimento? Geralmente, o estímulo para ampliar o universo de informações acerca de algo advém do grau de interesse que uma pessoa possa ter sobre determinado tema ou assunto. Seja por gosto pessoal, seja por necessidade específica, todos precisamos ser motivados à procura de conhecimento.

A essência da motivação humana perpassa teorias diversas. Informo de antemão, no entanto, não ser propósito deste livro debater Maslow, Herzberg ou mesmo Freud, muito menos travar juízos de valor entre behavioristas ou cognitivistas na interpretação da gênese motivacional. O intuito, sim, é colocar na berlinda analítica a importância da atitude – e, por consequência, da motivação pessoal – como fator propulsor à busca do *saber* e ao desenvolvimento do *saber fazer*.

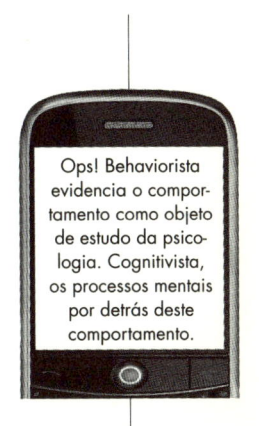

Ops! Behaviorista evidencia o comportamento como objeto de estudo da psicologia. Cognitivista, os processos mentais por detrás deste comportamento.

O saber advindo do conhecimento é matéria-prima fundamental à competência. Sem ele, como dotarmos de consistência nossos propósitos, nossos objetivos e nossos desempenhos? Tecnicamente impossível, não? Você concebe, por exemplo, um vendedor que não conheça as características e, especialmente, os benefícios do produto ou serviço que vende? Fica difícil, para não dizer impossível, comprar de alguém assim.

Igualmente o *saber fazer* é imprescindível. A habilidade a esse fim pode ser muito mais bem desenvolvida se formos dotados de talento na execução. Porém, o simples fato de possuirmos dons herdados, por si, não assegura excelência executiva. É preciso mais, muito mais, para que possamos traduzir nosso talento em habilidades indiscutíveis. Nesse sentido, a *prática* é a senha para o sucesso.

Praticar, em síntese, significa treinar a melhora de desempenhos, aperfeiçoar valências e buscar a excelência pessoal. E, nisso, a atitude é essencial. Fazer, errar; refazer, acertar. Círculo vicioso – ou melhor, virtuoso – que nos leva a melhorias contínuas e resultados exitosos. Visão de processo infinita, audição permanente do mercado, tato no discernimento das melhores práticas, olfato voltado ao sucesso, paladar apurado para grandes realizações. Praticar, portanto, figurativamente falando, é como adaptar os cinco sentidos na busca da competência. Praticar é fazer e acontecer.

– **Vendo você discursar assim, recordei nosso tempo de vendedor de copiadora.**

– *É mesmo, Ego. O que especificamente?*

– **Lembrei-me dos açougues, nosso destino matutino de muitas manhãs.**

O Ego refere-se com certa ternura e saudosismo à época em que começava minha carreira de vendas. No livro *A azeitona da empada,* faço uma acurada descrição de um caso emblemático em minha vida. Se você ainda não o leu – e desejar conhecer – recomendo a leitura.

– Como assim? Vai deixar passar em branco o relato desse caso aos leitores deste livro? Não, assim você vai matar de curiosidade a quem nos lê neste momento.

– *Mas, Id, contar de novo a mesma história já apresentada em livro anterior?*

– Con-ta! Con-ta! Con-ta!

– *Está bem. Atendendo ao frenético apelo do Id, relato rapidamente a tal "história do açougue".*

No fundo, embora corra o risco de tornar o texto repetitivo, o pedido do Id tem pertinência, pois a história referida exemplifica bem a importância da prática para a consolidação do conhecimento, o desenvolvimento de habilidades e a geração de atitude.

Comecei muito jovem, com 22 anos, minha atividade como vendedor. A empresa? Xerox do Brasil, uma verdadeira escola de vendas, tal a qualidade de seus recursos e fundamentos à prática do ofício. Assim, ao deixar a engenharia e ingressar no mundo comercial, preciso admitir, tive muita sorte em ser acolhido por uma instituição de tal dimensão empresarial.

– Acolhido?

– *Claro, Ego! Ou você não recorda da dúvida que pairava, em todos que nos conheciam à época, sobre como um vendedor gago poderia ter sucesso nessa atividade?*

– É verdade, o Viale e o Dresch foram muito compreensivos com você, né?

O Ego cita o Ricardo Viale e o José Augusto Dresch, os dois principais gestores da Xerox no Rio

Grande do Sul naquele período. Eles apostaram em mim. Sou muito grato a ambos e aproveito, aqui, para renovar a eles meus agradecimentos pela confiança e oportunidade. Ao Viale, infelizmente, póstumos.

Recordo-me do primeiro dia em que ingressei na Xerox. Seguindo os conselhos de minha avó materna – além de um mimo de pessoa, uma costureira de mão cheia –, cheguei embalado impecavelmente em um terno azul-marinho, gravata bordô, camisa branca, sapatos pretos e bem lustrados. Ansioso, fui logo querendo saber por onde começar. Mal sabia que estava entrando em uma empresa modelar na atividade comercial e que, à época, antes de sair *a campo*, deveria cumprir um programa de treinamento de noventa dias.

Modelar era pouco para defini-la; em uma semana de qualificação, já dava para sentir que ingressava em uma verdadeira escola de vendas. Cumprida a fase de capacitação, fruto de inúmeros cursos teóricos e simulações práticas, estava pronto para ir à luta, visitar clientes e, enfim, começar a ser um profissional de vendas.

A atividade na Xerox iniciava cedo, oito horas da manhã era o horário marcado para a chegada dos vendedores que, rapidamente, lotavam o salão de vendas, uma grande área aberta composta por três mesas imensas, cada uma delas com capacidade para acomodar até doze pessoas. A disposição seguia um critério de times, ou seja, uma mesa para os vendedores que prospectavam novas contas, outra para os vendedores que atendiam aqueles que já eram clientes e, por fim, uma terceira, destinada aos vendedores mais experientes e qualificados, que administravam o atendimento aos principais clientes, tidos como "grandes contas".

O salão de vendas era um ambiente alegre, interativo e integrativo. Nele, enquanto sorviam goles de café, chá ou chimarrão, os vendedores preenchiam seus relatórios, despachavam com os gerentes, analisavam seus clientes ou discutiam sobre futebol – não, necessariamente, nessa mesma ordem – e, lá pelas nove horas, começavam a sair para mais um dia de trabalho.

Eu observava tudo com atenção, procurava analisar todos os movimentos, procurando extrair de cada situação um pouco mais de sentimento sobre minha nova realidade profissional.

O fato de ser gago, como era de esperar, causava certa curiosidade geral. Alguns queriam saber como iria fazer para administrar a disfluência verbal na frente do cliente; outros, mais solidários, se prontificavam a ir junto comigo nas primeiras visitas e auxiliar na argumentação. A maioria, porém, não conseguia disfarçar o olhar de descrédito quanto a meu desempenho.

Passada a primeira semana, deixando de ser novidade aos demais, comecei a impor meu estilo pessoal, baseado no seguinte princípio estratégico extraído dos ensinamentos do legendário papa da estratégia empresarial, Michael Porter: o da *diferenciação*. A base de meu pensamento estava alicerçada na seguinte constatação: se o estereótipo do vendedor é o de um sujeito de fala descolada e fluente, por que eu não poderia, em contraponto, ser um vendedor gago e com maior riqueza vocabular? Ou seja, por que não explorar duas marcantes características pessoais: a gagueira, por razões óbvias, e a extensão do vocabulário, recurso adquirido em função da primeira, haja vista, permanentemente, eu utilizar sinônimos diversos e instantâneos na fala para minimizar os percalços orais?

Similar à prática comum nas equipes de futebol, adotei o costume do aquecimento antes de cada partida, ou de cada dia de trabalho. Invariavelmente, agendava meus clientes para depois das dez horas da manhã. Entretanto, antes das nove, já havia feito meus relatórios, conversado com o gerente, definido a região geográfica a explorar para a captura de clientes e, até mesmo, comentado sobre futebol.

Você deve estar se perguntando: se as visitas estavam agendadas para depois das dez e eu saía bem antes das nove, o que eu fazia neste ínterim?

Vou confessar: eu visitava açougues! O ritual era imutável: pegava o guia telefônico – na segunda metade da década de oitenta ainda não existia o *Google* –, elegia um ou dois açougues relativamente próximos às regiões onde iria trabalhar naquele dia e corajosamente abordava seus proprietários para oferecer-lhes máquinas copiadoras. Isso mesmo, eu começava o dia tentando vender – ou alugar – copiadoras em açougues.

Pense rápido: você tem ideia de quantas máquinas copiadoras vendi em açougue ao longo de minha vida? Bem, nem é preciso perder tempo tentando adivinhar. Respondo: nenhuma!

Nem poderia vender, afinal, você pode imaginar, vinte e poucos anos atrás, um açougue utilizando copiadora? Se hoje tal situação seria praticamente impensável, imagine em 1986! Na verdade, honestamente, não comparecia ao açougue com o objetivo de vender; ao contrário, utilizava o açougue para treinar. Tinha consciência de que açougueiro nenhum compraria, tampouco alugaria uma máquina copiadora. Assim, ficava mais à vontade para gaguejar, experimentar falas, gestos ou argumentações diferentes. Sabia que não estaria queimando uma venda, pois o estabelecimento jamais seria meu cliente, e isso me deixava mais à vontade para errar, experimentar e me autoanalisar. Ou seja, utilizava o açougue como possibilidade de aprendizado, de treinamento e, sobretudo, de superação pessoal. E dessa forma fui aprendendo a transformar os açougues da vida em autênticos laboratórios experienciais.

Cansado de tanto gaguejar no açougue, às dez horas já estava verbalmente aquecido e, tecnicamente, mais bem preparado para visitar escolas e empresas, estas sim, potenciais clientes à aquisição de copiadoras.

A sistemática do "treinamento" foi dando certo; aos poucos, eu encontrava um estilo, moldando-me a cada cliente, maximizando minhas valências e minimizando minhas deficiências. A linguagem mais elaborada que impunha em meus diálogos era proferida com naturalidade, sem pedantismos, assumindo uma verdadeira marca pessoal. A senha para a constatação do acerto na adoção dessa estratégia veio de um cliente que havia visitado e que ligara à secretária de vendas para falar comigo e, esquecendo momentaneamente meu nome, assim me caracterizou:

– Ele é jovem, vinte e poucos anos, relativamente alto, simpático e culto. Ah! Recordo-me também de que ele é engenheiro.

Impressionante! O simples uso de palavras pouco comuns à rotina dos vendedores transformara-me em erudito. Repentinamente, deixara de ser percebido como um vendedor gago e passara a ser definido como vendedor culto. Pronto! A diferença estava aparecendo; o fato de ser gago era algo que começava a ser expletivo e, dessa forma, outros atributos pessoais assumiam maior relevância contextual.

– Uau! Cheguei a me arrepiar. E olha que já compartilhei o relato dessa história um sem número de vezes...

A emoção expressa pelo Id faz sentido. Nossa força de vontade – minha, com o inestimável apoio do Id e do Ego – era o que me movia a seguir em frente. Havia horas em que pensava em desistir. Mas aí entram nossa atitude e força interior e, nesse contexto, a importância do Id e do Ego harmônicos, equilibrando razão e emoção, conduzindo-me a vencer obstáculos, superar desafios e, sobretudo, ajudando no desenvolvimento de minhas competências, transformando talentos em pontos fortes.

Objetivamente, minha evolução obedeceu a um verdadeiro *CHA de vendas*: antes de sair para a primeira visita, fiquei quase quatro meses estudando produtos, analisando perfis de clientes e simulando situações práticas. Esta foi minha fase do *conhecimento*. Sem ela, teria poucas chances de sobreviver profissionalmente como vendedor de copiadoras.

A emoção e o sentimento conduzem ao prazer; combinadas com razão e vontade ... Viva a felicidade!

Saindo a campo, enfrentando o dia a dia, senti a necessidade de desenvolver mais minhas *habilidades* para a função e descobri que fazer do açougue o laboratório de meus experimentos técnicos seria o melhor caminho ao desempenho desejado.

E quanto à *atitude*, esta nunca me faltou. Obstinado em fazer do limão uma limonada, determinado a gerar da oportunidade um novo ideal de vida, joguei-me de cabeça no desafio de tornar-me um vendedor de sucesso.

Não deu outra: explodi como vendedor. Ganhei um bom dinheiro, prêmios sucessivos, recompensas diversas, mas, acima de tudo, o respeito de todos. Entre os colegas, pares e superiores hierárquicos, continuei sendo referência; antes pela gagueira, agora pelo desempenho. Em poucos anos, construí uma trajetória crescente e consequente: vendedor novas contas, vendedor grandes contas, supervisor de vendas, gerente de mercado, enfim, em menos de sete anos de Xerox, experimentei quase tudo que um jovem profissional de vendas almejaria em tão curto espaço de tempo.

É engraçado, mas é realidade: quando eu era criança, em meus tormentosos momentos de reflexão, vivia exclamando aos céus:

– Meu Deus, por que me fez gago? Por que eu?

Hoje, olhando meu percurso, humildemente tenho que reconhecer que dou graças a Deus por ter me dado a oportunidade de ser diferente e de poder fazer disso uma grande diferença.

– Bom, depois dessa, acho que podemos encerrar o capítulo de hoje, o que vocês acham? Que tal um joguinho para relaxar?

– Hoje é quarta-feira?

– Claro, Ego! Você perdeu a noção do tempo.

– É verdade, Id. De novo, envolvi-me completamente na história.

– Vamos, então? Hoje tem Grêmio e Flamengo.

– Baita jogo. Vamos patrolar o Mengão ...

– *Ok, alio-me aos dois: vamos ao futebol e amanhã continuamos. Mas, antes, deixem-me fazer as últimas considerações sobre o que abordamos neste capítulo.*

Ao apresentar esse gancho temático histórico-pessoal, não obstante ilustrar a necessidade de congruência funcional entre os três atributos constituintes da competência, utilizo-o, também, para mostrar que "diferenciar-se" é fator fundamental para toda conquista pessoal. Porém, o que mais me motivou a trazê-lo de volta neste livro foi evidenciar que a verdadeira diferença tende a estar em lugares onde jamais imaginaríamos encontrá-la e, especialmente, alojada em algum canto ainda inexplorado de nosso eu.

Henry Ford, inesquecível expoente da Revolução Industrial, dizia que "o sucesso está em cem pequenas coisas feitas um pouco melhor; mas o fracasso também pode estar em cem pequenas coisas feitas um pouco pior". Inserindo esse pensamento no mundo de hoje, cada dia mais integrado, imitável e competitivo, não tenho dúvidas em afirmar: a diferença está nos detalhes. Alguns, mais evidentes; outros, nem tanto. Mas, certamente, muitos ao nosso alcance. Saber enxergá-los e estar disposto a aproveitá-los, não tenha dúvidas, pode fazer de você, definitivamente, *o Cara*!

CAPÍTULO 4

Da excelência à diferenciação: potencializando pontos fortes para construção de vantagens competitivas pessoais

Quinta-feira, 8h36min. Rasgos de sol penetram pelas fendas mal fechadas da cortina, invadem meu quarto e alojam-se poeticamente sobre minha cabeça, incidentes no olho direito, já que o esquerdo mergulhava no travesseiro suado pelo repentino calor da manhã.

Sorte minha ter dormido de lado, apoiando a lateral esquerda de meu corpo à cama, deixando o frontal voltado para a janela. Se estivesse de bruços – meu jeito preferido de dormir, mesmo sabendo ser ortopedicamente equivocado – certamente entraria com o sono manhã adentro, pois geralmente durmo com a cabeça virada para o lado oposto à janela do quarto.

– **Perdemos a hora! O despertador não tocou!**
– Mesmo que tivesse tocado, não acordaríamos. Depois de levar aquele chocolate ontem à noite, dormir foi tarefa das mais ingratas.

O chocolate referido pelo Id em nada fazia referência à delícia doce derivada do cacau e, sim, à superioridade inconteste do Flamengo sobre nosso Grêmio no jogo visto na noite anterior, fazendo-nos amargar uma derrota dura e evidente.

Acordar atrasado, quase sempre, mexe com toda a dinâmica de um dia. Colocá-lo no prumo implica perdas para algo ou alguém. Nesse caso, sobrou para a rotina diária dos exercícios físicos.

– Maravilha, pelo menos um dia de folga!
– *Se eu fosse você não comemorava, pois pelo que conheço dele, amanhã compensa em dobro.*
– *Ok, vamos lá, vocês dois. Já que ficamos sem ginástica física hoje, vamos compensar com mais esforço na ginástica mental.*
– Ótimo, ginástica mental é comigo mesmo! Prefiro muito mais a aeróbica dos neurônios a ficar correndo sem destino na esteira ou puxando ferro como boi de carga.

– É sempre assim, qualquer desculpa serve para fugir da academia.

– Como? Estou com você lá quase todo o dia.

– Disse bem: está lá porque eu o levo. Fosse deixar por você, na primeira melhora de exames o sedentarismo estaria de volta.

– *Calma, pessoal! Essa discussão, levada desse jeito, não vai ter fim. Lógico que não sentimos muito prazer em fazer exercícios físicos, prova disso é o histórico sedentário que tínhamos. No entanto, a razão nos levou a mudar hábitos e comportamentos. E, nesse sentido, temos que agradecer ao Ego. É dele o foco na manutenção sistemática de nossa rotina de estar presente na academia.*

Discussão estancada, o corpo despertado, iniciamos assim mais um dia de reflexões dialogadas.

– Qual o viés analítico dos pontos fortes para o dia de hoje?

– Viés analítico! Mandou bem, Ego. Traz o dicionário para eu entender o que você quer dizer...

A jocosidade do Id fez-me lembrar algumas situações hilárias que passo para contornar eventuais percalços fonéticos quando estou falando. Por exemplo, até hoje tenho certa dificuldade em determinados momentos para iniciar palavras com o encontro consonantal "tr" ou com a sílaba "ca". Quando situam-se no meio da palavra, sem problemas, mas quando estão no início...

Ou seja, não raras vezes preciso substituir expressões por outras que não contenham essas dificuldades de pronúncia. E vez por outra deixo escapar cada uma...

— Lembra aquela vez em que você estava dando uma aula de marketing na faculdade?

— É verdade, você falava sobre alguma coisa que exigia o uso da palavra "característica" como elemento necessário ao contexto da exposição que fazíamos, lembra?

O Id e o Ego fazem-me voltar no tempo e relembrar um episódio tão inusitado quanto cômico. Era uma aula sobre *composto mercadológico* – ou, para quem é familiarizado com o tema, os famosos 4Ps do marketing – que ministrava no curso de pós-graduação em Administração de Empresas na PUC do Rio Grande do Sul. Faz algum tempo, meados da década de 1990, recordo-me bem, sem saber precisar o ano exato.

Discorria sobre os fundamentos da "variável produto", quando percebi imprescindível o uso da palavra "característica" para explicar o que queria esclarecer. Ao pressentir a necessidade, meu cérebro estabeleceu bloqueio à palavra, dando-me sinais inconscientes de que iria gaguejar quando a pronunciasse. Afinal, a infeliz continha a tal da sílaba "ca" no começo. Meu expositivo discurso professoral transcorria fluido, mas permanente sobressaltado pelo alerta vermelho da necessidade de pronunciar a palavra "característica".

O momento aproximava-se. A indesejada "característica" haveria de ser dita e, logicamente, a dificuldade de liberá-la por meu aparelho fonético sem obstáculos surgia cada vez mais presente. No limiar da relutância, porém, como sempre, a racionalidade do Ego entrou em ação e ofereceu ao discurso a costumeira solução para situações como estas: a substituição de uma palavra por outra, sinônima.

– Isso que falo para vocês é uma das principais ca... ou melhor, um dos principais "apanágios" desse produto.

Perplexidade geral. Alunos e eu. Eles, na quase totalidade, por desconhecerem o significado do dito "apanágio"; eu, por não conseguir entender de onde o Ego teve a ideia de sugerir o "apanágio" como sinônimo alternativo à substituição. Então, estimulado pelo Id, continuei:

– Perdão, pessoal. Sei que muitos aqui querem saber quem é esse tal de "apanágio". Deixem-me, então, explicar. Ocorre que, como sou gago, utilizo como recurso sistemático à manutenção da fluência verbal o uso de sinônimos substitutos a determinadas palavras. Assim, nesse caso, como tenho eventualmente certa dificuldade com a sílaba "ca", resolvi lançar mão deste artifício. Porém, devo admitir que, desta vez, exagerei. Afinal, apanágio, cá pra nós, é "dose pra mamute", né?

Risos gerais. Inclusive, meus.

Resumindo: o pragmatismo do Ego, volta e meia, prega-me uma dessas peças. Ainda bem que o bom humor do Id me ajuda a contornar essas verdadeiras "saias justas".

Voltando ao tema deste capítulo, o viés analítico de hoje é estabelecer sentido prático para a evolução do estado de excelência à diferenciação.

– Especificamente, esse processo evolutivo é algo que possa ser estabelecido dentro de regras predeterminadas?

– Reforçando a indagação do Ego, o estado de excelência não seria a própria presença da diferenciação?

– *Estou gostando do pingue-pongue de vocês. Acho que vai dar "bom caldo" este capítulo, hein?*

Gosto muito do *Outliers (Fora de série)*, de Malcolm Gladwell, o mesmo que publicou outros dois títulos de grande sucesso mundial: *O ponto da virada* e *Blink*. Nele, Gladwell – jornalista por formação – aborda os fatores estruturantes capazes de tornar algumas pessoas detentoras de um sucesso tão extraordinário e peculiar a ponto de serem classificadas como "fora de série". Um trabalho editorial muito bem desenvolvido, recheado de exemplos que consubstanciam essa situação.

A mensagem conclusiva do livro sustenta que o sucesso surge da combinação de vários fatores que, harmonizados ao talento pessoal, projetam conquistas, potencializam resultados e geram desempenhos fora de série.

No conjunto desses fatores, Malcon Gladwell inclui como relevantes à formação desses *outliers* atributos situacionais como *herança genética e cultural, momento histórico* e *localização geográfica*. Ou seja, um caminho interpretativo que, em outras palavras, deriva da antológica e sempre citada máxima de que o sucesso quase sempre está atrelado ao encontro do "cara certo, na hora certa e no lugar certo".

Fazem sentido os argumentos propostos por Gladwell, especialmente depois de ler seu livro, cuja linguagem fluente e o reforço prático de exemplos a suas teses proporcionam, mesmo a olhos mais céticos, no mínimo bom interesse à reflexão.

No entanto, sem em absoluto desejar confrontar os sólidos fundamentos conceptivos expostos no livro *Outliers,* considero que a diferenciação de alguém – especialmente no concorrido ambiente profissional – deva estar mais atrelada à *capacidade que este desenvolve em conseguir gerar vantagens competitivas em relação a outros.* Sob essa ótima dedutiva, tenho nas obras de Stephen R. Covey – extraordinário professor, autor e consultor organizacional – especialmente na denominada *O 8º hábito: da excelência à grandeza,* a sustentação acadêmica para a defesa de meu pensamento sobre potencialização dos pontos fortes na busca da diferenciação pessoal.

A diferenciação pessoal e o sucesso profissional caminham sempre de mãos dadas.

A diferenciação é um estágio de percepção situacional alcançada com a sublimação de nossos pontos fortes. Ela ocorre quando os posicionamos como referenciais permanentes na condução de nossas vidas. É capaz de transformar eventual dor ou frustração em verdadeira realização pessoal, relevância ou contribuição para um novo panorama de vida, seja no trabalho, no ambiente social, familiar ou, simplesmente, na simples condução de nosso cotidiano existencial.

A chave desse processo pode estar na descoberta de nossa *voz interior*, ou, como expressa Stephen Covey, na única *palavra* capaz de exprimir o caminho em direção à grandeza pessoal. E complementa: "todos nós temos o poder de decidir viver uma vida notável – ou até mesmo simples – de não ter apenas um bom dia, mas um grande dia". Não importa o tempo que utilizamos para seguir determinado caminho em direção à mediocridade, sempre poderemos escolher trocar essa trajetória.

A fórmula para chegarmos a nossa voz interior? Bem, devemos compreender nossos *dons de nascença* – ou os *talentos naturais* já referidos em páginas anteriores – e desenvolvê-los, cultivando a harmonia entre as mais elevadas manifestações da inteligência humana: a *visão*, a *disciplina,* a *consciência* e a *paixão.*

– Interessante isso... visão...

– Disciplina, consciência...

– Paixão!

Nas reflexivas manifestações entremeadas do Id e do Ego, nota-se a importância desses dois elementos freudianos no contexto de nossa personalidade. Ambos estão aí contemplados: o Ego com seu pendor à disciplina e consciência existencial; o Id com a capacidade de visão e, sobretudo, com o fomento da imensa paixão que dedica em tudo que fazemos.

Visão, disciplina, consciência e paixão são sínteses derivativas do que Stephan Covey explica serem os quatro tipos de inteligência humana: a *mental,* a *física,* a *espiritual* e a *emocional,* correspondentes às quatro partes da natureza humana, simbolizadas respectivamente pela *mente,* pelo *corpo,* pelo *espírito* e pelo *coração.*

A cada uma dessas partes corresponde uma capacidade de inteligência, inerente a todos, sem exceção. Em alguns, umas mais desenvolvidas; em outros, menos; em todos, porém, surgem presentes essas quatro inteligências.

– Essa percepção da importância da harmonia entre as inteligências é um dos grandes caminhos rumo à diferenciação pessoal.

– *Concordo com você, Id. Sem querer aprofundar no tema – até porque nenhum de nós aqui é especialista em mente humana – mas as teorias das múltiplas inteligências, defendidas por vários autores, trouxeram à tona a importância de uma análise mais holística para a compreensão das diversas aptidões de cada ser humano.*

– Concordo, Ego. Durante muito tempo, a mensuração do famoso QI – o coeficiente de inteligência humana – era produto da capacidade lógica e rapidez de raciocínio que o indivíduo possuía comparativamente a padrões predeterminados. Em meu caso, sempre saía prejudicado, pois, impulsivo como sou, o cultivo da lógica nunca foi meu ponto forte.

A congruência do Ego e do Id na valorização das diferentes formas de expressar inteligência, por si só revela o quanto nossa disposição em tentar desenvolver e harmonizar diferentes fontes de inteligências torna-se importante para a diferenciação pessoal.

Isso, em parte, explica por que pessoas consideradas extremamente inteligentes do ponto de vista da lógica – tradicionalmente o principal elemento aferidor da capacidade intelectual humana – obtêm desempenhos profissionais recheados de percalços e insucessos.

Quem de nós, por exemplo, nunca ouviu comentários do tipo: "Coitado, tão inteligente, mas não tem sorte na vida"? E por aí vai, um cipoal de justificativas sobrenaturais para explicar o que não precisa de explicação; apenas, constatação.

Ou seja, o sucesso é produto de integração de fatores e, nunca, fruto de valências isoladas. Algo similar, por exemplo, ao que acontece no futebol, em que a individualidade de um jogador pode até ganhar um jogo, mas somente o trabalho coletivo de uma equipe será capaz de ganhar um campeonato.

– E como harmonizar essas inteligências?

– Isso. Como fazemos para utilizá-las no caminho para a diferenciação?

Ok, Ego, Ok, Id. Vamos primeiro entender o que são essas quatro inteligências humanas.

Nenhuma das inteligências consegue ser mais inteligente do que a harmonia entre todas as inteligências.

Como já referi, quando pensamos em inteligência, a primeira associação que fazemos é com a *inteligência mental* – mais conhecida por QI –, que expressa uma métrica de avaliação de nossa capacidade de raciocinar, de abstrair, de analisar, de visualizar e de compreender dados e informações, transformando-as em linguagens. Embora relevante – e historicamente referencial para deduções avaliativas sobre inteligência –, sozinha ela assume papel limitado e insuficiente à caracterização plena do estágio de diferenciação pessoal.

A *inteligência física* refere-se à inteligência de nosso corpo. Algo sobre a qual a grande maioria das pessoas revela ter ciência, mas na prática a realidade é outra: negligenciamos a atenção dada a ela, esquecendo os males que isso nos causa ao longo do tempo.

A *inteligência espiritual* é hoje muito recorrente nos estudos e debates filosóficos e psicológicos. Ela representaria aquilo que nos impulsiona em direção ao significado e à ligação com o infinito.

Por fim, complementando o quarteto de inteligências humanas, temos a *emocional*. Ela seria a responsável pela dotação de capacidade de nos comunicarmos com as outras pessoas, especialmente, no desenvolvimento do autoconhecimento, da autoconsciência, da empatia e sensibilidade social.

Potencializar nossos pontos fortes passa pelo desenvolvimento harmônico desses quatro vetores de inteligências. Esse objetivo resultará em um acréscimo de confiança, uma força superior e uma segurança interior capaz de nos proporcionar exercer na plenitude os benefícios de nossos talentos pessoais. Assim, viveremos de maneira mais equilibrada e consistente.

– Mas, insisto, como buscar o exercício desse equilíbrio na prática?

Bem, a receita dada por Stephen Covey no livro *O 8º hábito* parece-me muito apropriada para a dinâmica desse equilíbrio. O autor sugere a aplicação sistemática da seguinte imaginação filosófica de vida:

a) para o *corpo*, imagine que você tenha sofrido um ataque cardíaco, ok? Então, agora, viva com uma conduta física compatível com essa situação;

b) para a *mente*, imagine que o tempo de vida médio de sua profissão seja de dois anos, ok? Então, agora, prepare-se pessoal e profissionalmente em função disso;

c) para o *espírito*, imagine que você tenha um encontro pessoal com seu criador a cada mês, ok? Então, agora, construa sua rotina existencial tendo esse compromisso em mente;

d) para o *coração*, imagine que uma outra pessoa possa ouvir tudo o que você fala dela, ok? Então, agora, interaja com ela de acordo com essa possibilidade.

– Como faz sentido tudo isso, né?

– Confesso que minha ficha vai caindo a cada reflexão sobre esses conceitos.

– Veja, por exemplo, esses conceitos aplicados no dia a dia de nossa querida "personificação", aqui ao lado.

A *personificação*, ironizada pelo Id, refere-se a mim, obviamente.

– Graças a Deus ele não sofreu um ataque cardíaco, mas aquela variação intempestiva de pressão arterial associada ao excesso de peso, tecnicamente, teve a mesma relevância referencial.

– Nem me fale: 22 por 12 é sinal vermelho pra ninguém botar defeito, né?

– Isso mesmo. E a partir daquele dia ele começou a viver de forma condizente com essa realidade. Dieta, ginástica e uma vida

mais saudável, em todos os sentidos, passaram a fazer parte de seu cotidiano.

– E a consequência?

– Bem, mais além da nova silhueta vista, está o incremento de disposição física e mental, a normalidade dos exames laboratoriais e a forte sensação de viver bem.

– Exatamente. Foi assim também quando ele começou a reinventar-se profissionalmente. Em vez do medo à mudança, a motivação pelo novo desafio; a busca por novos conhecimentos e novos comportamentos.

– Até escritor ele acabou virando, né?

– E o espírito?

– Nossa mãe! Ele vai à missa todos os domingos.

Calma, pessoal! Ir à missa não prediz que estejamos espiritualmente desenvolvidos, embora seja um indicativo alentador. Mas a inteligência espiritual aqui referida vai além do caráter religioso ou da abordagem teológica da questão. O que se aborda nessa reflexão sobre o tema é a prática de vida voltada para o bem, resistente a desvios comportamentais, éticos e morais.

– É, não é fácil! Vivemos em um mundo competitivo e, cotidianamente, vivemos sob provações. Focar o bem como objetivo, embora pareça óbvio, não é tarefa fácil. É um exercício contínuo de manutenção de conduta e blindagem a tentações competitivas.

– E a inteligência emocional, hein?

– Nem me fale... Se os outros soubessem o que eu já fiz ele falar deles...

O diálogo intermitente, transparente e desenfreado do Ego e do Id poderia se estender por horas a fio, tal a riqueza de constatações advindas da reflexão sobre o uso e o desenvolvimento dessas quatro inteligências.

Conforme Stephen Covey, quando analisamos a trajetória de grandes realizadores – pessoas que exerceram expressiva influência sobre outras, que proporcionaram contribuições significativas à humanidade ou, simplesmente, fizeram as "coisas acontecerem" –, encontramos um padrão que, na grande maioria dos casos, revela uma enorme expansão dos quatro tipos inatos de inteligência.

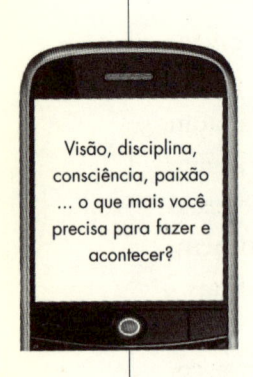

Visão, disciplina, consciência, paixão ... o que mais você precisa para fazer e acontecer?

Nesse enfoque, encontramos em cada uma das inteligências um meio principal de manifestar a essência de sua aplicabilidade. Na mental, o referencial seria a *capacidade de visão* que cada indivíduo possui de enxergar um estado futuro com o olho da mente; na *física,* a *disciplina* necessária à execução, ao fazer acontecer e concretizar o projetado pela visão; na *espiritual,* a lei moral interior determinada pela *consciência,* independente de religião, credo, cultura ou raça; e, na *emocional,* nossa voz interior da *paixão,* capaz de energizar e conferir impulso a nossa vida, dando-nos força para seguir mesmo quando tudo nos leva a desistir.

– Bingo! Transformar excelência em diferenciação é potencializar nossos pontos fortes, agregando-lhes a capacidade de visão, a disciplina executória, a consciência moral e a força da paixão no contexto holístico de nossa vida.

– Grande Ego, agora você arrasou! "Contexto holístico da vida" é frase de arrepiar o mais pragmático dos mortais, hein?

Na realidade, o que o Ego concluiu – com a anuência irreverente do Id – reflete o que entendo serem os elementos determinantes para potencializar nossos pontos fortes em direção à diferenciação pessoal: uma vez descobertos os talentos e eles transformados em pontos fortes, cabe, a cada um de nós, maximizá-los com nossa *voz interior*, dotando-lhes de *visão, disciplina, consciência e paixão*, atributos que levam a vantagens pessoais efetivas, percebidas e, sobretudo, valorizadas no ambiente competitivo em que estejamos inseridos.

– Ok, mas como dar sentido prático para tudo isso? Como desenvolvemos esses quatro elementos edificadores de nossa voz interior?

Uma forma interessante de assim proceder seria por meio da construção reflexiva de nosso sentido de vida. E a lógica para isso é simples: *encontrar respostas táticas para perguntas estratégicas.*

Explico: em cada um dos elementos indutores à diferenciação pessoal, deveremos ter uma pergunta-chave que desencadeie perguntas derivativas e, consequentemente, respostas elucidativas às autoindagações propostas.

Por exemplo, ao pensarmos em *visão*, necessariamente estamos intuindo a necessidade de determinar objetivos, especialmente os de longo prazo. Logo, definir nosso sentido de *visão* implica autorresponder uma indagação simples e direta: *aonde quero chegar?*

Em que lugar profissional almejo estar daqui determinado tempo? O que sonho para mim nesse lugar?

Sobre isso, simpatizo muito com uma constatação, expressa pelo querido amigo Arthur Bender, autor do instigante livro *Personal Branding*: "se não sabemos para onde ir, vamos para qualquer lugar". E isso é uma dura realidade. Se não tivermos uma *visão* clara sobre o que queremos, aportaremos nosso talento em qualquer lugar, até mesmo em lugares certos. Porém, na maior parte das vezes, caminhamos em direção ao nada. Algo, por exemplo, como jogar na loteria: tentamos uma vida inteira e, no final, colocamos a culpa na danada sorte.

Aonde queremos chegar? Eis aí, nessa pergunta, o foco da visão, ponto de partida para a diferenciação pessoal.

Uma vez que definimos aonde queremos chegar, precisamos identificar: *como faremos para lá chegar?*. Ou seja, como nos *disciplinamos* para atingir nossos objetivos? Quais os passos processuais que devemos estabelecer? Qual o planejamento desenvolvido para esse fim? Isso tudo é *disciplina* pessoal a serviço da diferenciação. Sem ela perdemos tempo – não raras vezes dinheiro – e tornamos muito mais lento e difícil o percurso à concretização da visão.

Sem visão, não temos freios; sem freios, vamos passando por tudo e chegamos ao nada.

– E quem é desorganizado, como faz para ter disciplina?

O questionamento do Ego é interessante, porém não invalida o que estou querendo dizer. Embora possam ter algum parentesco conceitual, organização e disciplina em absoluto representam sinônimos. Organização, como a inteligência, traduz-se em definição passível de várias interpretações e possibilita multiplicidades conceituais. O que é ser organização para alguém não significa ser o mesmo para outro.

O fio condutor do conceito, no entanto, deve estar na capacidade que temos de executar um processo capaz de nos levar a objetivos predefinidos. A forma, o método ou o fluxo operacional de como fazer variam de pessoa para pessoa.

Assim, quando me refiro à disciplina como elemento indutor à diferenciação pessoal, atrelo-a mais ao foco executório que devemos dar na busca de nossos objetivos definidos na visão. Isso se encontra muito mais sob o caráter da perseverança prática do treinamento e aperfeiçoamento, no esforço e na resiliência pessoal, do que sob o enfoque metodológico propriamente dito. No entanto, mais do que crível, faz-se óbvio entender que adicionar método ao contexto facilita, em muito, chegarmos aonde queremos.

A disciplina é um investimento necessário para chegarmos à excelência.

Como chegar? Esta é a pergunta que orienta rumo à materialização da diferenciação pessoal.

Uma vez que sabemos *aonde queremos chegar* e estabelecemos procedimentos de *como faremos para lá chegar*, devemos ter a *consciência* de por que chegar.

– Ok, está caindo mais uma vez minha ficha! A pergunta-chave para o estabelecimento da consciência é "por que eu quero lá chegar?".É isso?

– **Exato, Id!**

O desenvolvimento do elemento consciência no processo de construção da diferenciação pessoal passa, necessariamente, pelas respostas dadas às razões que nos levam a perseguir esse objetivo, como também pelos valores éticos, morais e comportamentais norteadores na condução desse percurso.

A consciência é uma espécie de lei moral interior. Muitas vezes, ela nos exige sacrifícios na subordinação de nosso eu a determinado propósito, a uma causa ou outro princípio mais elevado.

Covey tem uma frase muito interessante quando aborda a consciência do que seja um sacrifício: "significa abrir mão de algo bom em favor de algo melhor".

– Gostei, também. Ilustrando a frase, pense em seu caso: abrir mão de uma atividade executiva reconhecida, com raízes profissionais consolidadas, em busca do sonho de uma atividade solo exige de você sacrifício pessoal. É trocar uma boa posição, uma atraente remuneração e certa estabilidade laboral, por algo novo, desafiador e visionário.

– É verdade, Ego. Espero que ele tenha trocado o bom pelo melhor.

– Não tenha dúvida, Id. O melhor de tudo ainda está por vir.

– Amém.

A lembrança da frase referida faz-me pensar em outra bela construção conceitual de Covey sobre consciência. Segundo o autor, o sacrifício pode assumir muitas formas conforme se manifeste nas quatro dimensões de nossa vida: no *corpo*, por meio de sacrifícios físicos ou econômicos; na *mente*, cultivando um estado de permanente abertura, investigação e descarte de preconceitos; no *coração*, mostrando profundo respeito e amor pelos outros; no *espírito*, subordinando nossa vontade a uma vontade mais alta para o bem maior.

— Que lindo esse encordoamento conceitual!

O encantamento do Id faz sentido. Afinal, o *8º hábito* é um verdadeiro hino à grandeza humana.

Por que queremos chegar? Esta é pergunta que estimula a percepção consciente da diferenciação pessoal.

Se não sabemos porque queremos, temos e não sabemos porque perdemos.

Visto *aonde queremos chegar,* disciplinados em *como faremos para chegar* e conscientes de *por que queremos chegar,* resta-nos responder: *o que nos move a lá chegar?*

Esta é a pergunta referência do atributo *paixão*: *o que me faz chegar lá?*. Quais minhas motivações para seguir em frente? Quais minhas fontes de otimismo, de entusiasmo e de esperança para chegar a meus objetivos?

Paixão é um sentimento manifesto por conexões emocionais alimentadas por impulsos constantes. Ela desencadeia o entusiasmo, fator preponderante para nossa capacidade de escolha e fomento permanente da visão e disciplina.

– Algo que nos energiza para a vida e nos impulsiona a nossos ideais. Aquilo que nos move a seguir em frente quando tudo parece sinalizar nossa desistência. Um sentimento amálgama, capaz de unir vida, trabalho, lazer e amor, tudo como se fosse a mesma coisa. Isso é paixão!

– **Grande Id! Agora você está como gosta, hein? Nesse tema, você é professor, né?**

É **comum** pessoas confundirem talento com habilidade. Obviamente, como vimos anteriormente, nossos pontos fortes são desenvolvidos quando habilidades se agregam a nossos talentos. Mas podemos ter habilidade e conhecimento para executar coisas para as quais não temos talento. Nesse caso, faltará a atitude, pois nunca poderemos tirar partido de nossa paixão ou da força de nossa *voz interior.*

Ao contrário, se pudermos combinar nossa paixão com conhecimento e habilidades para exercer alguma atividade, teremos o caminho aberto para a presença da atitude. Um fogo de dentro para fora. Uterino, diriam alguns mais poéticos e sanguíneos, como eu.

– Ah, paixão. Sem ela não somos nada...

– **E com ela, podemos tudo.**

– *Bravo, Ego! Bravo, Id! Gostei da sinergia poética de vocês. Uma linda tabelinha vocabular para encerrar este capítulo. Valeu, pessoal! Amanhã, fechamos o livro, ok?*

– Já? Por mim faria um livro de quinhentas páginas...

– *Só sobre paixão, né?*

Devo admitir que conviver com Id e Ego, lado a lado, conciliando seus antagonismos, resulta uma dinâmica gerencial das mais complexas.

O que nos move a lá chegar? Eis a pergunta que inspira nosso desejo de diferenciação pessoal e, com ela, fecha-se o quarteto de perguntas-chave.

– *Ok? Voltamos amanhã para a conclusão do livro.*

– Fechado!

– *Por mim também.*

Sem entusiasmo é impensável alguém realizar algo fora de série.

CAPÍTULO 5

Marca pessoal: o auge
de sua diferenciação

— Hoje é sexta-feira, chega de canseira, nada de tristeza, pega uma cerveja... cerveja, cerveja, cerveja! Acordei com o Id atormentando minha cabeça, provocando meu imaginário com versos da música da saudosa dupla Leandro & Leonardo.

— Tá bom, mas antes precisamos terminar o livro. Vamos lá pessoal, falta pouco.

Prudente, o Ego. Certamente, pensando que, à noite, depois da conclusão, poderíamos todos celebrar o desfecho no Dometila.

— Maravilha! O Claiton tem umas cervejas artesanais muito boas por lá...

O Dometila, por mim referido e pelo Ego imaginado, refere-se ao bar/café localizado em Porto Alegre. Faz pouco que o inseri entre meus locais preferidos. Embora já tenha quatro anos de existência, e estar incrustado no coração do bairro onde resido, apenas recentemente tive o prazer de conhecê-lo.

O lugar é único: pelo ambiente e pelo dono. Recostado sobre uma das arestas viárias da charmosa Praça Maurício Cardoso, o Dometila bem poderia estar em Paris, Londres ou mesmo Amsterdã, por seu astral e decoração. Descolado e bucólico, o lugar é perfeito para um *happy hour*, especialmente se o fim de tarde brindar Porto Alegre com um pôr do sol característico, temperado com uma leve brisa soprada por árvores centenárias que adornam a praça em frente. Ah, e o preço é bem adequado, menor do que a grande maioria dos bares com seu perfil.

Porém, o Dometila fica ainda mais Dometila quando você percebe a presença de seu dono. Impossível não perceber. Mal você escolhe uma mesa e menciona a intenção de ali permanecer e... pronto! Uma chuva literal de pétalas de rosa derrama a simpatia, a cortesia e a amabilidade do dono sobre você. Um gesto tão carinhoso como inaudito, que, mais do que expressar boas-vindas, revela o lado afetuoso, irreverente e divertido do Claiton, o dono do Dometila.

Dia desses estava lá e, entre generosas mordidas no saboroso e caseiro sanduíche de carne de panela, permeadas por goles de cerveja artesanal servida em temperatura próxima ao zero, observava atento a rotina do Claiton no atendimento a seus clientes.

Na verdade, era mais do que atendimento, chegava a ser um *cortejamento*, com a devida licença ao neologismo cometido. Atencioso, empático e criativo, ele transitava entre as mesas sem economizar sorrisos ou gestos gentis. Solícito e disponível, o dono Claiton, invariavelmente, permutava funções com o garçom, com a cozinheira, tudo dentro de uma harmonia operacional, em que todos se esmeravam em gerar valor ao cliente. A tudo eu observava, atentamente.

Saí do Dometila, algumas horas depois, com a percepção plena de ver naquele local a realidade inconteste de uma empresa voltada para o cliente. Uma estrutura integrada, cujos elementos constituintes – dono, atendentes, garçons e cozinheiros – independentemente de suas atribuições originais, trabalham para um único objetivo: encantar seus frequentadores.

O exemplo extraído do Dometila, um pequeno bar/café entre os tantos de Porto Alegre, pode ser adaptado ao que julgo ser emblema do auge de qualquer diferenciação, seja ela empresarial ou pessoal: o Dometila tem identidade; tem clareza de propósitos; tem construção e oferecimento de valor para seu cliente; tem paixão em tudo o que faz. O Dometila tem marcas; no caso, as marcas de seu dono. E como tudo o que marca, faz marca: o Claiton é claro exemplo de marca pessoal.

Não tenho dúvidas em afirmar que o Claiton é *o Cara* em seu segmento de negócio. Seu Dometila não é o mais incensado café da cidade, não é o mais frequentado, tampouco é o mais próspero financeiramente. Mas para ser *o Cara*, necessariamente, você não precisa ser famoso, popular ou rico. É lógico que é possível ser *o Cara* sendo tudo isso, o que é ótimo! Porém, o que tonifica a condição de ser *o Cara* é a construção do maior patrimônio de que um ser humano pode desfrutar: a *reputação* de sua marca pessoal.

Reputação independe de *status* social, cultural ou econômico. Basta observarmos algumas marcas pessoais que circundam nosso cotidiano. Em geral, são pessoas comuns fazendo coisas incomuns.

Meu cabeleireiro, Rafaeli, por exemplo, é um verdadeiro craque no manejo das tesouras, capaz de fazer-me naturalmente um cabeludo, mesmo eu já tendo apresentado efetivos sinais de rarefação capilar. Como o Claiton, o cabeleireiro Rafaeli também *é o Cara*!

Dona Zaida, já octogenária, viúva há mais de vinte anos, mãe de seis filhos – todos homens – pega ônibus todo dia, de segunda a sexta, deslocando-se para realizar seu rotineiro trabalho voluntário de valor comunitário inestimável, sem qualquer contrapartida financeira. Como o Claiton e o Rafaeli, a cidadã Zaida também *é o Cara!*

O Baixinho do Bar do Schullas, garçom por vocação, há décadas encanta clientes com sua permanente simpatia e atendimento invulgar. Como o Claiton, o Rafaeli e a Dona Zaida, o garçom Baixinho também é *o Cara*!

E tem o fulano, o beltrano, o sicrano... Enfim, quantos *caras* conhecemos em nossas vidas, sem a necessidade do tratamento de doutor, excelência ou celebridade? Uma infinidade, em diversas áreas. E o que os distinguem dos outros?

– A *reputação*.
– Bingo, Ego! Você matou a charada. Nada é mais imperioso para definir o valor de alguém do que a força de sua reputação.

A troca da reputação por ganho eventual de falsa oportunidade afasta a real oportunidade pela perda total de reputação.

Arthur Bender, anteriormente citado, um dos mais competentes especialistas brasileiros em gestão de marcas, com muita propriedade diz que a *reputação é algo tão difícil de construir como fácil de destruir*. Nada mais correto, pois, não raras vezes, chega-se a levar uma vida inteira para ser alguém, enquanto poucos segundos de deslizes podem produzir máculas indeléveis, capazes de fazer esse alguém voltar ao obscuro *status* de ser ninguém.

Reputação **é resultado** de um conjunto de atributos que, combinados e harmônicos, constroem o conceito de alguém no ambiente social em que se vive. Reflete a consideração dada por terceiros à conduta pessoal e profissional, gerando estigmas ou estado de prestígio, que acompanha a trajetória existencial de cada indivíduo.

Importante refletir que a *reputação* é uma variável estabelecida a partir de percepções dos outros, e não de nossas próprias convicções. Em outras palavras, você não é o que pensa ser, mas o que os outros percebem de você. Daí a conclusão de que *reputação* é o resultado do sentimento dos outros em relação a você. Em todos os sentidos analíticos.

O primeiro elemento estruturante da *reputação* é a *confiança*.

– Confiança é tudo!

– Não chegaria a ser tão sintético e definitivo como você, Id. Mas se não for tudo, no mínimo, a confiança é base de tudo.

Ambos têm razão, Id e Ego. No livro *A Cereja do Bolo,* dediquei atenção especial à *confiança,* atribuindo a ela a condição de primeira camada do que denominei ser o *Bolo do sim* no processo de negociação persuasiva.

A essência da *confiança* – como referem os autores José Maria Gasalla e Leila Navarro no livro *Confiança, a chave para o sucesso pessoal e empresarial* – está no sentimento gerado quando as *verdades são ditas e as promessas são cumpridas.* Isso, quando adicionado à percepção de competência pessoal, disponibilidade relacional e comprometimento situacional, eleva esse sentimento à enésima potência, construindo vínculos sólidos, intensos e permanentes.

Se confiança não é tudo, no mínimo, é base de tudo.

Veja por exemplo esse caso cujo conteúdo, sempre que pertinente, gosto de trazer para minhas palestras.

– Nããão! A história dos óculos, de novo!

– Puxa, Id, o exemplo é bem adequado para esse caso. Deixe-o contar. Afinal de contas, na quarta-feira, você quase implorou para ele repetir a história do açougue.

– Está certo... Conte aí, sou todo ouvidos.

Bem, sei que posso voltar a ser repetitivo, especialmente para os que leram meus dois livros anteriores. Mas, novamente, corro o risco em nome da ilustração adequada. Com a permissão – e paciência – do Id, é claro!

Vejamos: foi em 2006, eu estava em São Paulo para uma reunião profissional que, imaginei, avançaria algumas horas na noite. Sendo assim, previamente, programei meu retorno a Porto Alegre, cidade onde resido, para a manhã do dia seguinte. Terminado o encontro, antes de me dirigir ao hotel, dei uma passada em um *shopping center* próximo para, além de fazer um rápido lanche, espairecer um pouco após longas cinco horas de ininterrupta reunião.

Chegando ao *shopping*, resolvi fazer aquela caminhada espiral básica, visitando lojas que, uma a uma, mostravam vitrines cuidadosamente decoradas com motivos futebolísticos. Afinal, estávamos em época de Copa do Mundo. As vitrines sucediam-se quando deparei com uma ótica muito bem-ambientada e, principalmente, com variada gama de produtos à disposição. Em tempo: preciso admitir ser fascinado por óculos. Pessoalmente, embora deles necessite para corrigir uma hipermetropia associada a um astigmatismo permanente desde a infância, compro-os em quantidade muito acima do normal, tamanha a atração que tenho pela diversidade de formatos, cores ou outras composições estéticas.

Bem, voltando ao universo da ótica referida, ao olhar um modelo muito interessante exposto em prateleira de vidro suspensa, estrategicamente iluminada com lâmpadas dicroicas, produzindo suaves fachos incidentais, fiquei imediatamente fascinado. Dirigi-me então a uma vendedora jovem e sorridente que, com o olhar esperto e sinuoso, constatava a fixação que tenho por esse tipo de produto.

– Boa noite, percebo que você ficou interessado nesse modelo – disse-me a jovem, apontando o indicador com unha bem pintada aquele que realmente havia chamado minha atenção.

– *É verdade. Gosto muito de óculos e este é um modelo bem diferente em relação a outros que possuo. Poderia experimentá-lo?*

Preço negociado, condição de pagamento definida, fiz uma última exigência, antes de confirmar a compra:

— *Por favor, utilize o grau desses óculos que estou usando para fazer as novas lentes.* Enquanto vou jantar na praça de alimentação, você manda confeccionar e, dentro de uma hora, retorno para pegá-lo.

Comprador contumaz de óculos, sei que muitas lojas já contam com recursos técnicos para copiar instantaneamente o grau de um par de óculos para outro, bem como produzi-lo em minutos para entregá-lo ao cliente.

— Desculpe, mas infelizmente o equipamento que produz as lentes está apresentando defeito e não tenho como fazê-las agora. Assim, por favor, diga-me seu endereço que providencio a entrega amanhã até o final da tarde.

Gostei da sinceridade da jovem vendedora ao admitir o defeito do equipamento. Também apreciei sua solicitude em querer saber meu endereço para promover a entrega domiciliar. Igualmente, desde o início da conversa, percebi nela bons conhecimentos sobre óculos, estilos e tendências mundiais no segmento. Mas havia um problema a ser solucionado: eu estava com embarque agendado para as 10h30min da manhã do dia seguinte e, dessa forma, não poderia esperar até a tarde para receber o produto. Talvez pudesse levar os óculos sem as lentes e providenciá-las, posteriormente, em Porto Alegre. Porém, frustrado por não conseguir tê-los prontos naquele momento, disse-lhe que não iria comprá-los, deixando a aquisição para outra oportunidade.

— Por favor, deixe-me fazer uma proposição – disse ela com firmeza, convicção e segurança. E continuou: notei que você gostou dos óculos e, para mim, isso é o que mais importa neste momento. Percebi, também, que você é daquelas pessoas que ao comprar um produto gosta de tê-lo disponível para uso imediato. Sendo assim, gostaria de fazer um esforço pessoal para tentar atendê-lo e entregar o produto até amanhã antes de seu embarque. Dê-me um voto de confiança. Prometo fazer de tudo para até as 10h30min entregar-lhe os óculos na sala de embarque do aeroporto.

Pensei comigo: positiva essa menina! Além de competente, solícita e franca, passa uma segurança propositiva rara em profissionais com sua idade. Gostei, vou dar uma chance para ela comprovar que pode resolver o problema.

— *Ok, gostei de seu posicionamento. Espero a entrega no aeroporto de Congonhas até as dez e meia de amanhã. Como faço para pagar, pois quero fazê-lo no cartão?*

Ela voltou a responder com convicção:

— Sem problemas. Não precisa pagar nada agora. Amanhã, no horário combinado eu levo o produto e acertamos tudo no local. Caso eu não esteja lá, a venda fica desfeita. Quero, apenas, seus dados para que possa preencher a nota fiscal e entregá-la junto, amanhã pela manhã.

No outro dia, 10h30min, estava me dirigindo ao salão de embarque quando, ao me aproximar da porta, vislumbrei aquela menina sorridente. Ao me avistar, fez um leve aceno de mão e, suavemente, ergueu o pacote onde, interpretei, estavam meus óculos com as lentes colocadas.

Indo a seu encontro, fui direto perguntando:

– *E então, tudo certo?*

– Exatamente como havia me comprometido – respondeu-me ela, enquanto, com uma das mãos, me entregava uma caixinha com os óculos, induzindo-me gentilmente a experimentá-lo.

– *Aqui estão os óculos. Por favor, experimente para vermos como ficou* – continuou com voz macia e envolvente.

Enquanto acondicionava o par de óculos em minhas desnudas orelhas – à época usava um corte de cabelo curtíssimo, ao melhor estilo escovinha, deixando-as totalmente à mostra – ela retirou de sua bolsa um minúsculo aparato que, em desdobramentos sequenciais, transformou-se em um prático espelho portátil.

– Veja com seus próprios olhos se ficou como imaginava.

Incrédulo, esbocei um leve e contido sorriso, misto de satisfação visual com o medo – ou a vergonha – de que alguma pessoa conhecida, em deslocamento para o mesmo embarque, pudesse assistir àquela insólita cena, em que um homem de um metro e oitenta observava-se, ridiculamente, frente a um minúsculo espelho feminino normalmente usado para retocar a maquiagem.

Ao perceber minha situação desconfortável, mas ciente de que eu havia gostado do resultado, ela resolveu abreviar meu sofrimento diante do risco de exposição indevida e finalizou:

– Por favor, permita-me dispor de seu cartão de crédito para que possa concluir aquilo com que havia me comprometido – disse-me ela enquanto, decididamente, retirava da surpreendente bolsa uma máquina manual de cartão de crédito.

Uma verdadeira aula de como construir confiança relacional. Um atendimento completo onde verdades foram ditas, promessas cumpridas, competência demonstrada, disponibilidade oferecida e, acima de tudo, comprometimento situacional estabelecido.

Quer saber mais? Passado menos de um mês dessa compra, o pagamento do cartão ainda nem havia vencido e, novamente, sobrou-me um tempo em São Paulo para visitar o *shopping*. Adivinhe qual a primeira loja a que me dirigi chegando ao local? Desnecessário dizer, não é?

— Lembro bem que ficamos todos encantados com o atendimento daquela vendedora...

— É verdade. E olha que a beleza não era seu ponto forte, hein?

Tirante a hilária — e desnecessária — observação complementar do Id, a lembrança do Ego sublima bem a percepção sobre o grau de confiança gerado por aquela jovem e exemplar profissional da loja.

Se *confiança* é base para a *reputação*, outros atributos são também constituintes e igualmente importantes em sua estruturação. Refiro-me à necessidade da *singularidade* perceptiva, à *relevância* mensurada e à *estima* que os outros concedam ao que somos.

A *singularidade* reflete a capacidade de sermos circunstancialmente únicos nas mentes das pessoas. Algo como dispor da prevalência de uma ou mais palavras na mente do mercado; um ou mais adjetivos capazes de espelhar identidades sobressalentes de nossa personalidade, nosso desempenho profissional ou, simplesmente, referências destacadas de nossa maneira de ser, pensar e agir.

Procure imaginar pessoas diversas: amigos, celebridades, ídolos ou mesmo desafetos e tente encontrar adjetivos que traduzam como você os define. Este é um exercício interessante, pois encontraremos expressões qualitativas que indicam identidades salientes de cada um. A singularidade surge quando esse conjunto de ícones idiomáticos sobre alguém reflete algo único ou, no mínimo, pouco comum.

Agora, faça outro exercício reflexivo. Imagine quais seriam seus adjetivos identificadores. Liste-os e guarde-os. Escolha algumas pessoas para que façam o mesmo sobre você. Peça-lhes que definam como percebem você por meio de adjetivos emblemáticos. Isso feito, compare os adjetivos citados: os seus sobre você *versus* o deles sobre você. Além de descobrir as possíveis nuanças de suas singularidades e a percepção destas por meio de terceiros, essa prática serve também como excelente ferramenta de consolidação do autoconhecimento. Sem dúvida, uma ferramenta formidável para conhecer e interpretar nossas possíveis singularidades.

A singularidade é uma percepção expressa pela nossa identidade na mente das pessoas.

Bem, se *confiança* e *singularidade* influenciam em nossa *reputação*, o mesmo ocorre com a *relevância* que os outros percebem em relação ao que somos e representamos em determinados contextos ou circunstâncias. Na realidade, a diferença advinda da *singularidade* precisa fazer sentido – e, sobretudo, ser valorizada – aos olhos de quem a percebe. Ou seja, a singularidade decorrente da diferença somente será considerada vantagem competitiva quando acrescida da percepção de valor a essa condição.

– Esta talvez seja uma boa explicação para o fato de a "diferença", em si, não assegurar a "diferenciação" pessoal.

No jogo de palavras – quase um trocadilho mercadológico – do Ego, nota-se como a singularidade necessita de significância para integrar o conjunto de elementos estruturantes da reputação.

– Deixe-me ver se entendi: o fato de ser gago o torna apenas diferente. Porém, a significância consequente do fato de tornar-se palestrante profissional, apesar da convivência com essa anomalia verbal, evidencia a presença de singularidade, estou certo?

– **Pelo menos assim, Id, ficou evidenciado naquela matéria da Revista Você S/A, quando, em 2005, tendo apenas um ano de atuação como palestrante, ele recebeu destaque de duas páginas com um sugestivo e criativo título: "Eu sou gaaaago, mas faço palestras!"**

– É verdade. Ele agora é referência de mercado... entre os palestrantes gagos, é claro! Bota singularidade relevante nisso, hein?

Relevância **está** intimamente ligada ao conceito de *percepção de valor*, muito utilizado no contexto de análises mercadológicas. Assim, sob essa ótica, faz-se possível, também, analisar os atributos de *relevância* de uma *marca pessoal* dentro do contexto de marketing de produtos ou serviços. Afinal, a essência é a mesma: alguém (empresa ou indivíduo) criando valor percebido ao outro (cliente ou interlocutor).

A relevância está diretamente ligada à percepção de valor.

Refiro-me ao *valor* no sentido amplo da palavra; algo que possa ser desejado e interpretado como de utilidade efetiva na percepção desse outro; um benefício, um conhecimento, um posicionamento, uma opinião ou mesmo frase. Enfim, algo em que valha a pena investir tempo, atenção e até dinheiro para desfrutá-lo.

A primeira habilidade importante para construir essa *relevância* é a *empatia,* ou a capacidade que precisamos ter de saber nos colocar no lugar do outro. A *empatia* não significa simpatia, muito embora o fato de *ser simpático* possa ser uma virtude apreciável no contexto da atração e persuasão de terceiros.

Ser empático significa entender as pessoas e, muito especialmente, seus focos. Representa conhecê-las melhor, seus problemas, suas necessidades, vulnerabilidades, fortalezas, ou seja, a empatia é a chave para melhor entender e tratar os pensamentos, sentimentos e idiossincrasias do ser humano. Afinal, a única maneira de aumentar nosso valor aos outros é tornarmo-nos mais valiosos para eles; e a única maneira de tornar-se mais valioso é conhecendo-os melhor e satisfazendo-os de forma muito melhor do que qualquer outra pessoa possa assim fazer.

A segunda valência constituinte da *relevância* é o *conhecimento de causa,* seja ele alicerçado em bases teóricas ou práticas. Uma imagem pessoal consistente pressupõe múltiplas habilidades e performances, mas nenhuma delas prescinde da competência do domínio teórico e prático sobre o que estamos nos propondo como marca pessoal e, obviamente, do nível de conhecimento necessário à caracterização dessa situação. E, naturalmente, o lastro fundamental dessa competência é a densidade de conhecimento que uma pessoa deve ter para possuir essa condição.

Ninguém consegue ser competente se não tiver o conhecimento necessário para exercer essa competência. Não estou falando do conhecimento acadêmico, embora a academia seja, ainda, um logradouro indiscutível à obtenção de conhecimento. Mas, particularmente, refiro-me ao conhecimento no sentido mais amplo de absorção de informações e, especialmente, na aplicabilidade prática decorrente de suas utilizações.

A *relevância* também tem muito a ver com com *concretude*, outro ingrediente na composição da *reputação* de uma marca pessoal. No livro *Ideias que colam*, Chip Heath e Dan Heath elegem a *concretude* como uma das qualidades essenciais da aderência de uma ideia às pessoas. Eles defendem que algo é considerado concreto quando se consegue analisá-lo por meio de seus sentidos. Por exemplo, a potência do motor de determinado automóvel é concreta; seu alto desempenho é abstrato. A linguagem costuma ser abstrata, mas a vida nunca é abstrata.

Até mesmo uma estratégia de interações ou relacionamentos mais abstratos, quando formatada à compreensão e execução, deve ser revelada nas ações tangíveis dos seres humanos, pois a abstração dificulta a compreensão de uma ideia e, especialmente, sua fixação.

– A crescente utilização empresarial dos métodos de treinamentos experienciais, por exemplo, é uma evidência da necessidade de concretude, inclusive no ambiente do ensino-aprendizado, marcadamente um universo gravitado por fundamentos teóricos.

Bem lembrado pelo Ego. Capacitações vivenciais estão sendo, a cada dia, mais utilizadas no aprimoramento pessoal e profissional nas organizações empresariais. Sem dúvida, um bom exemplo do uso da concretude como elemento facilitador à concepção de relevância.

Deixe-me contar outra experiência pessoal. Como referi em diversas partes deste livro, fui acometido por uma gagueira desde a infância e, com ela, convivo harmoniosamente ao longo de todos esses anos. Quando jovem, ela era aguda e intermitente; hoje, suave e incidente. Uma anomalia verbal, charmosa é verdade, mas é uma anomalia com que, permanentemente, tenho de conviver.

Nessa convivência, utilizo alguns recursos que se tornaram marca registrada para aqueles que comigo convivem. Utilizo gestual pronunciado, pausas fonéticas estratégicas, respiração diferenciada, alongamentos melodiosos de sílabas e, principalmente, lanço mão de um farto vocabulário que as dificuldades naturais dessa teórica dificuldade me fizeram construir.

Fruto de muita leitura e gosto pessoal, devoro palavras, atrelando-as a sinônimos, com a mesma facilidade com que degluto um pudim de leite, meu doce predileto. A necessidade de relacioná-las a sinônimos decorre do fato de ter sempre um *plano B* – ou a *palavra B* – quando pressinto que irei trancar em determinada frase, especialmente quando nela deparo com um encontro consonantal.

Assim, tenho até hoje uma técnica para melhor memorizar e introduzir ao uso cada nova palavra aprendida: invariavelmente, ao lê-la inserida em um texto, automaticamente, eu procuro imaginar sua utilização prática, inserindo-a numa frase factível a meu dia a dia, de modo a deixá-la familiar a meu subconsciente, a ponto de ela emergir naturalmente quando preciso em meus múltiplos diálogos diários.

Incrível, mas a assimilação e a fixação à memória ficam muito mais facilitadas quando o contexto prático participa desse processo cognitivo. Isso é concretude. É dar vida fática ao que se faz.

E isso também acontece quanto à percepção dos outros em relação a nossa imagem. Quando conseguimos passar uma ideia mais concreta do que somos, evidenciando realizações e atributos tangíveis de nossa personalidade e desempenho, aumentamos a força de nossa reputação e, consequentemente, reforçamos nossos elementos de diferenciação pessoal.

Completando os atributos edificantes da *reputação da marca,* incluo o *reconhecimento* adquirido e o *carinho* por ela obtido ao longo de sua existência. Trata-se do que muitos *experts* em *branding* (processo de gestão de marcas) denominam *estima da marca.* Algo atrelado à qualidade que se percebe pela história construída, pela coerência do passado e pela consistência de perpetuação futura. Quanto mais elevada for nossa qualidade percebida, mais estaremos na preferência de escolha dos outros e mais estima destes teremos.

— *Sem contar a força que isso gera no estímulo à comunicação boca a boca, né?*

Pertinente a observação do Id. Ao conquistarmos reconhecimento e carinho, certamente estaremos conquistando admiradores e até mesmo apoiadores incondicionais. Pessoas que estarão sempre prontas — e dispostas — a fazer recomendação, chancelar indicação ou, simplesmente, falar bem de nossas atitudes, de nosso trabalho e de nossa postura pessoal e profissional.

— Sou fã do boca a boca! Não existe modo de divulgação mais consistente e persuasivo do que este.

A opinião expressa pelo Id faz todo o sentido. A raiz para isso está no simples fato de que o processo da *comunicação boca a boca* reflete a opinião dos outros sobre algo, produzindo dessa forma muito mais consistência e credibilidade do que, por exemplo, a autopromoção do "eu falando bem de mim".

> – É simples: o que produz mais impacto ou consistência à mensagem persuasiva? Eu falando bem de mim ou os outros assim procedendo? Não cabem dúvidas: sempre a chancela dos outros dará mais força e credibilidade à mensagem transmitida.

A assertiva do Id reforça aquilo que impacta, inclusive, nas modernas estratégias de marketing empresarial, em que o uso de práticas de *buzzmarketing* – ou o *marketing do buxixo* – é cada dia mais aperfeiçoado e empregado na divulgação de produtos e serviços.

Mais do que processo de comunicação, o boca a boca é a genuína manifestação de reconhecimento por uma marca.

No caso da marca pessoal, o processo é similar. Quanto mais gente estiver falando bem sobre você, sobre seus predicados, seus pontos fortes e seus desempenhos, mais consistência sua marca terá e mais estimada, reconhecida e acarinhada ela será.

> – **Nisso surge a importância do estabelecimento de "networking"[3] na construção de nossa marca.**

---

3   Conjunto de contatos que uma pessoa tem, bem como as atividades por ela realizadas para manter essa base relacional em permanente atualização.

Corretíssima, também, a observação do Ego. Hoje, além das redes tradicionais de relacionamentos – amigos, colegas, parentes e clientes – temos as redes sociais virtuais, disseminando opiniões, conceitos ou fatos que, rapidamente, são capazes de fomentar ou destruir uma marca. O cuidado na geração e, principalmente, na administração da convivência de nossa marca pessoal nesse novo contexto de conectividade relacional torna-se fundamental ao fomento de valor e blindagem aos eventuais ataques deletérios a nossa imagem.

Pensando bem, a reputação de uma marca também está muito atrelada ao tripé das competências, ou o *CHA*, como já referimos anteriormente. Reflitam comigo e veja se isso também faz sentido para vocês: a competência do *conhecimento,* o *"C"* do *CHA*, pode ser inserida na reputação como o fato de *possuir a condição de saber criar valor para algo*; a segunda competência do *CHA,* o *"H"* de *habilidade*, sintetiza a excelência em fazer algo; e a competência complementar do *CHA*, o *"A"* de *atitude,* nada mais é do que a paixão em querer fazer algo. Vocês concordam?

Você é gerador de excelência, numa coisa de valor, executada com paixão? Então ... você é o Cara!

– Concordo.

– Ou seja, uma marca pessoal de sucesso, acima de tudo, deve ter esses três elementos muito presentes na mente de quem a percebe: valor, excelência e paixão.

A síntese da constatação do Ego reflete a importância de uma interação conceitual para a consolidação de marcas pessoais de sucesso, estabelecida por uma premissa que, pessoalmente, imputo ser definitiva ao auge de nossa diferenciação pessoal: sua marca o fará *o Cara* quando você for colocado como *gerador de excelência* numa *coisa de valor*, sendo executada com *muita paixão*.

Bem, estamos chegando ao final do livro e...

– Que tal, antes de terminarmos, relembrarmos os principais pontos estruturais do que vimos?

– Boa ideia. Gosto quando um livro faz um fechamento dos principais tópicos abordados em seu transcorrer textual.

Aderindo à sugestão do Id, com a chancela do Ego, vamos encaminhar a conclusão do livro fazendo a síntese conceitual do conteúdo aqui exposto.

Iniciamos o livro referindo serem os *pontos fortes* a essência nos processos de diferenciação pessoal. Nesse sentido, consentimos a definição de ponto forte como a tradução de um *desempenho estável e constante, quase perfeito, em determinada atividade.*

– Lembro-me de que, inicialmente, discordei dessa assertiva, mas depois acabei concordando que ponto forte, muito mais do que "ter condições de", significa "manter a excelência em"...

A excelência em algo, referida pelo Ego, remete-nos à base para a construção de um ponto forte: o *talento natural*. Ele representa um dom pessoal, individual e inato. Impossível de ser adquirido, mas totalmente passível de ser desenvolvido. Descobri-lo é pedra fundamental para a construção de nossa diferenciação pessoal.

Adicionados à *autoconfiança* – o acreditar em si e nas valências pessoais descobertas –, os *talentos naturais* ganham contornos de desempenhos superiores que, agregados à prática do desenvolvimento das competências – o famoso *CHA* (conhecimento, habilidade e atitude), são transformados em *pontos fortes*.

A inserção do *talento natural* na dinâmica funcional do *CHA*, potencializada pela sinergia das quatro inteligências (*mental, física, espiritual e emocional*), estabelece condições para a excelência funcional e comportamental, fator decisivo à constituição da diferenciação pessoal, estágio típico de geração de vantagens competitivas.

Por fim, completando os referenciais constituintes para *ser o Cara*, salientamos a importância de tornar a diferenciação uma *marca pessoal*. Uma identidade clara e reputação construída com base na confiança, na singularidade percebida, na relevância do valor construído e na estima, carinho e reconhecimento pelos outros concedidos.

— *Bela e objetiva resenha, hein? Concluímos, então?*
— Calma, Ego! Ainda falta a mensagem final.

Certamente, o Id fez referência à estrutura tópica que utilizei em meus dois primeiros livros, quando inseri na conclusão um minicapítulo de fechamento intitulado "mensagem final".

— *Está bem, para não fugir à regra e atendendo à solicitação do Id, antes de brindar a conclusão do livro no Dometila, vamos então à mensagem final.*
— Maravilha! Ego, telefone para o Claiton e reserve uma mesa para nós hoje à noite?
— *Que cara "marrento" este Id! Não faz nada, quer tudo na mão. Acha que o mundo gira em torno dele.*

Id e Ego, embora dicotômicos e antagônicos, são complementares e interdependentes, vinhos da mesma pipa, integrantes do mesmo ser. Ninguém consegue viver sem eles. Muito menos eu.

CAPÍTULO 6

Mensagem final

Dia desses recebi um *e-mail* de minha fonoaudióloga, a talentosa Débora Brum, responsável por minha saúde vocal, sempre tão exigida durante as palestras que realizo. Confesso não saber o autor. Provavelmente seja mais um daqueles *e-mails* cuja autoria é incerta e não sabida, quase sempre rotulada pela costumeira denominação de "autor desconhecido" ou, simplesmente, "anônimo". Lamento; gostaria de saber o nome de quem escreveu e, assim, dar o merecido crédito às palavras explicitadas, tal sua pertinência ao contexto deste livro.

O conteúdo do e-mail é interessante e o reproduzo em parte para você:

Na sala de reunião de uma empresa multinacional, o diretor nervoso fala para sua equipe de gestores. Agita as mãos, mostra gráficos e, olhando nos olhos de cada um, faz uma ameaça:

— *Atenção! Ninguém aqui é insubstituível. Ouviram?*

A frase, interposta em meio ao silêncio, parece ecoar nas paredes da sala. Os gestores se entreolham e, alguns mais assustados com a veemência daquelas palavras, baixam a cabeça. Ninguém, no entanto, ousa falar nada.

De repente, um braço soergue lentamente e o diretor se prepara para triturar o atrevido:

— *Alguma pergunta?*

— *Sim, tenho. E o Beethoven?*

— *Como? — encara o gestor confuso.*

— *O senhor disse que ninguém é insubstituível. Então pergunto: quem substituiu Beethoven?*

No silêncio de todos, inclusive do gestor, ele continua:

— *Quem substituiu Beethoven? Tom Jobim? Ayrton Senna? Ghandi? Frank Sinatra? Garrincha? Santos Dumont? Monteiro Lobato? Elvis Presley? Os Beatles? Jorge Amado? Pelé? Paul Newman? Tiger Woods? Albert Einstein? Picasso? Zico?*

Mais silêncio. E ele continua:

— *Todos esses talentos marcaram a história fazendo aquilo de que gostavam e sabiam fazer bem, ou seja, fizeram seu talento brilhar. E, portanto, são sim insubstituíveis. Cada ser humano tem sua contribuição a dar e seu talento direcionado para alguma coisa.*

E segue:

— *Tenho escutado executivos de empresas expressarem suas preocupações em descobrir e reter talentos, mas no fundo continuam agindo com a percepção clara de que seus profissionais são simples peças dentro da máquina (organização), cuja reposição é tão simples quanto imediata. Está na hora de os líderes das organizações reverem seus conceitos e começarem a pensar em como desenvolver o talento de sua equipe focando no brilho de seus pontos fortes e não utilizando energia em reparar seus erros/deficiências. Ninguém lembra e nem quer saber se Beethoven era surdo, se Picasso era instável, Caymmi preguiçoso, Kennedy egocêntrico ou Elvis um paranoico. O que queremos é sentir o prazer produzido pelas sinfonias, obras de arte, discursos memoráveis e melodias inesquecíveis, resultado de seus talentos. Cabe aos líderes de sua organização mudar o olhar sobre a equipe e voltar seus esforços em descobrir os pontos fortes de cada membro. Fazer brilhar o talento de cada um em prol do sucesso de seu projeto. Chega de gerente ainda focado em "melhorar fraquezas" da sua equipe! Certamente, se técnico de futebol esse fosse, barraria Garrincha por ter pernas tortas; se professor fosse, reprovaria Einstein por notas baixas. E Beethoven, que era surdo? Em sua gestão, o mundo teria perdido todos estes talentos.*

Moral da história: cabe aos líderes das organizações modificarem o olhar sobre suas equipes de trabalho, voltando seus esforços para a descoberta dos pontos fortes de cada membro, fazendo brilhar o talento individual de cada um em benefício dos resultados coletivos.

E nunca esqueça: no mundo sempre existirão pessoas que vão amá-lo pelo que você é; outras, no entanto, vão odiá-lo pelo mesmo motivo. Acostume-se a isso; com perso-

nalidade, com determinação e, sempre que possível, com muita paz de espírito.

Na gênese desse e-mail, a mensagem que reforça uma das essências conceituais deste livro: *você é um talento único e, por consequência, inimitável e, sobretudo, insubstituível.* Na realidade, sempre seremos só um, mas ainda assim seremos sempre um. Obviamente, não seremos capazes de fazer tudo. Mas teremos capacidade para fazer bem muitas coisas. E isso deve nortear a condução de nossas vidas.

Adiciono, ainda, uma frase cunhada pelo saudoso Chico Xavier, o inexcedível médium brasileiro: "Ninguém pode parar o tempo, voltar atrás e refazer um novo começo; mas todos nós podemos, a partir de agora, começar a fazer um novo fim." Ela serviu-me de motivação para desencadear importantes mudanças em minha vida e, nela, fui buscar, também, a inspiração para registrar as últimas frases deste livro.

Acredite em você, em suas qualidades, seus talentos e, sobretudo, procure escutar a voz de sua vocação. Redefina sua vida com base em seus valores, suas valências e seus sonhos. Aposte tudo em seus talentos naturais, transformando-os em pontos fortes e, deles, seus diferenciais na vida. Não hesite, vá em frente, acredite sempre em você!

Defina - ou redefina - sua vida com base nos seus valores, nas suas competências, nos seus ideais.

Repito: faça dos limões da vida sua limonada. Descubra seu Eu verdadeiro. Valorize seus pontos fortes, minimize seus pontos fracos, sendo feliz fazendo aquilo de que gosta e, sobretudo, focando no que você sabe – e bem – fazer. Não culpe ninguém por seus fracassos. Não espere por ninguém para encontrar suas soluções. Não impute a ninguém aquilo que só você é capaz de fazer por você.

Você é a fonte de seus sonhos; você é o guia de seu destino; você é a principal razão de sua vida. *Você é o Cara*! Ou não?

Faça suas escolhas e siga-as. Afinal, como ensina o dito popular, "o que a gente leva da vida é a vida que a gente leva". E você, está levando o quê?

REFERÊNCIAS
BIBLIOGRÁFICAS

REFERÊNCIAS BIBLIOGRÁFICAS

AAEKER, David; JOACHMSTHALER, Erich. *Como construir marcas líderes.* São Paulo: Futura, 2000.

ADLER, Ronald B.; TOWNE, Neil. *Comunicação interpessoal.* Rio de Janeiro: LTC, 2002.

ARIELY, Dan. *Previsivelmente irracional.* Rio de Janeiro: Campus, 2008.

BENDER, Arthur. *Personal branding.* São Paulo: Integrare, 2009.

BUCKINGHAM, Marcus; CLIFTON, Donald. *Descubra seus pontos fortes.* Rio de Janeiro: GMT, 2008.

CARVALHO FILHO, C. A. *A azeitona da empada.* São Paulo: Integrare, 2007.

CARVALHO FILHO, C. A. *A cereja do bolo.* São Paulo: Integrare, 2009.

CARVALHO FILHO, C. A. *Influência de estímulos indutores à comunicação boca a boca em consumidores de crédito pessoal.* Dissertação de Mestrado. Porto Alegre: MAN-PUC-RS, 2005.

CHURCHILL, G.; PETER, J. *Marketing:* criando valor para os clientes. São Paulo: Saraiva, 2000.

CIALDINI, Robert B. *O poder da persuasão.* Rio de Janeiro: Campus, 2006.

COLLINS, Jim. *Good to great.* Nova York: HarperCollins, 2001.

COVEY, Stephen R. *O 8º hábito:* da eficácia à grandeza. Rio de Janeiro: Elsevier, 2005.

COVEY, Stephen R. *O poder da confiança.* São Paulo: Campus, 2008.

COVEY, Stephen R. *Os sete hábitos das pessoas altamente eficazes.* São Paulo: Best-seller, 2005.

DAMÁSIO, Antonio R. *O erro de Descartes:* emoção, razão e o cérebro humano. São Paulo: Cia. das Letras, 1994.

DRUCKER, Peter. *Management challenges for 21st century.* Nova York: HarperCollins, 1999.

DRUCKER, Peter. *Managing for the future.* Nova York: Trumam Tally Books, 1992.

GASALLA, José Maria; NAVARRO, Leila. *Confiança:* a chave para o sucesso pessoal e empresarial. São Paulo: Integrare, 2007.

GLADWELL, Malcolm. *Blink.* Rio de Janeiro: Sextante, 2008.

GLADWELL, Malcolm. *O ponto da virada.* Rio de Janeiro: Sextante, 2009.

GLADWELL, Malcolm. *Outliers.* Rio de Janeiro: Sextante, 2009.

GOLEMAN, Daniel. *Working with emotional intelligence.* Nova York: Bantam Books, 1998.

HEATH, Chip; HEATH, Dan. *Ideias que colam.* Rio de Janeiro: Campus, 2007.

MUSSAK, Eugenio. *Metacompetência.* São Paulo: Gente, 2003.

MUYZENBERG, Laurenz van Den; LAMA, Dalai. *Liderança para um mundo melhor.* Rio de Janeiro: Sextante, 2009.

PASSOS, Alfredo; NAJJAR, Eduardo R. *Carreira e marketing pessoal.* São Paulo: Negócios, 1999.

PORTER, Michael. *Estratégia competitiva.* São Paulo: Campus, 2005.

RIES, Al. *Posicionamento:* a batalha pela sua mente. São Paulo: Pioneira, 1993.

ROSA, Mário. *Reputação:* na velocidade do pensamento. São Paulo: Geração, 2006.

TROUT, Jack. *Diferenciar ou morrer.* São Paulo: Futura, 2000.